機場解體新書

以插圖詳細解說
…的玄關」!!

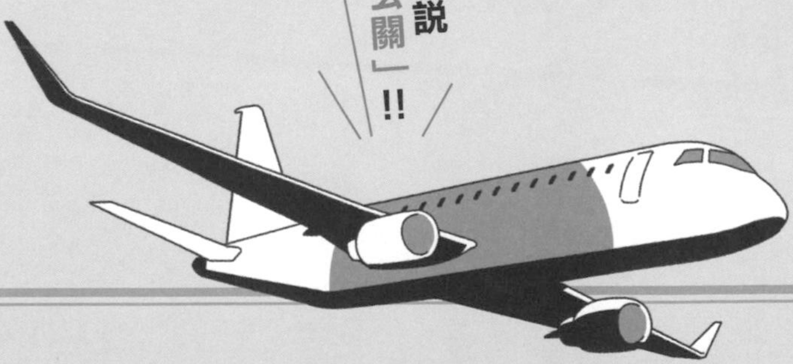

前言

飛往天空的旅程，就從機場開始。

不論是國內各處還是國外，出遠門時飛機都是最方便的交通工具之一；而為了搭乘飛機，我們就必須前往機場。在機場有著嚴格的安全管理，隨身行李的檢查等措施也絕不馬虎。

機場並不只是搭乘飛機的場所，除了多樣豐富的餐飲服務、各有特色的伴手禮商店，有些機場甚至附設有藝廊與溫泉設施，就算只是在機場裡逛逛都能度過一段開心快樂的時光。

由於能近距離眺望起降的飛機，近年來機場也成為家庭旅遊與情侶約會的熱門景點。

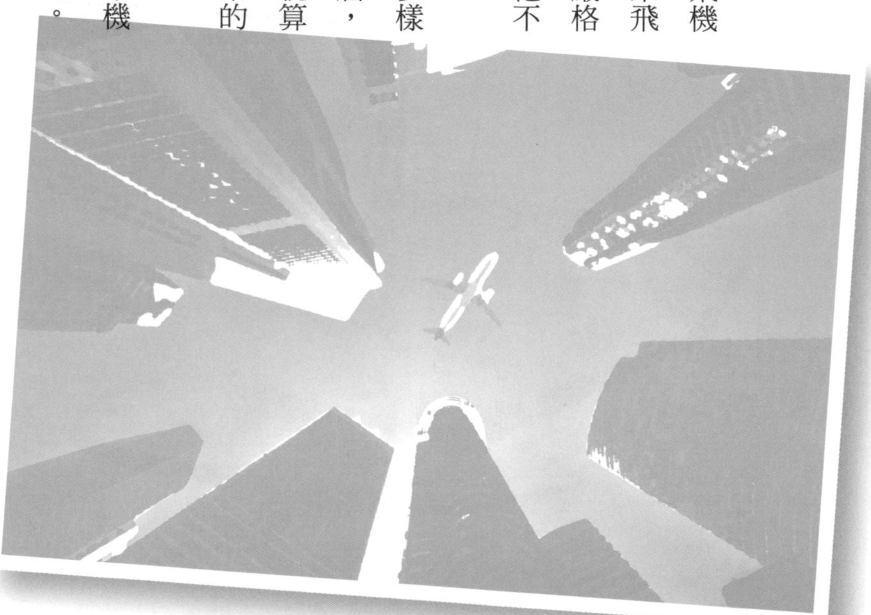

本書將想像一段從日本國內的機場出發，最後抵達國外機場的旅途。透過詳盡的插圖，我們將為各位說明辦理登機手續的方法與出發前可以做的事，介紹經濟艙、商務艙與頭等艙各艙等的機內設備與飛機餐，接著解說抵達目的地機場後到離開機場的流程，最後一起了解主要的飛機製造商、飛機跑道、管制塔台等與機場相關的知識和背景。

雖然二〇二〇年受到新冠肺炎的疫情擴大所影響，全世界無論國內外的人員移動皆受到嚴格限制。但還是希望各位能藉由「機場」這個視角，帶著像是出國旅行的心情，想像一段飛往天空的迷人旅程。

Contents

機場的基礎知識

Prologue

基礎 1

機場的功能

機場是協助旅客在國內外移動並運輸貨物的設施。機場不僅是供飛機起飛的場所，那還有其他功能嗎？

讓乘客能舒適空搭乘飛機的「飛行場」

通常我們為了旅行或商務而前往機場，但機場其實還有著多樣的功能，不只是讓飛機起降的場所。機場一般建設在距離市區較遠的地方。日本國內除了有「日本空中門戶」之稱的成田機場，以及「距離東京都心最近」的羽田機場（正式名稱為「東京國際機場」）這兩大機場外，還有關西國際機場、新特麗亞中部國際機場等許多的機場。在這些機場，每天都能看見絡繹不絕拖著行李箱的旅客或穿著正式的商務人士。

那麼，機場究竟扮演著什麼樣的角色呢？其中之一不用說，當然就是「飛行場」；對於能夠同時間且長距離載運大量人員的客機來說，機場是最重要的據點。此外，航空貨運的功能不僅限於國內，也是連接其他國家的重要運輸手段。這作為客機及航空貨運據點的角色，與機場的各項功能有著密不可分的關係。當然，既然機場有著如此高的公共性，那麼在航運及保全上就需要具備高度的安全措施。

附設維修廠房與空中廚房

機場的第二個角色就是「航空公

機場的主要特徵

1 客機起飛的飛行場
作為載運人與貨物的飛機起降場的功能。

2 航空公司的據點
機組人員的訓練、飛機的維修廠、製作飛機餐的廚房。

3 娛樂景點
結合餐廳、商場與觀景台等等。

司的據點」。機場附近有機組人員的訓練設施與飛機的維修設施，以便順利進行人員訓練並提供飛機良好的保養與維護。另外，為了讓提供飛機餐的空中廚房可以迅速將餐點送到客機上，這些空中廚房的據點通常也設立在機場附近。JAL（日本航空）及ANA（全日本空輸）這日本國內兩大航空公司的維修廠房都接受遊客參觀，除了航空迷外也能親子同樂。前往羽田機場的東京單軌電車車站中，也有機場設施相關人員頻繁上下車的「整備場站」及「新整備場站」，可以窺見機場與相關設施的緊密程度。

除了搭機外還能「享受樂趣」的機場

最後，雖說只限於規模較大的機場，不過機場的第三個角色就是「娛樂景點」。舉例來說，羽田機場第1航廈6F便有360度全景的屋頂觀景台，能夠近距離觀賞飛機起降的景象。

除此之外，關西國際機場有可以學習機場歷史，並展示著巨大微縮模型的「航空博物館」；新千歲機場有集結北海道當地拉麵店的「北海道拉麵道場」等等，每座機場都有各自的獨家招牌景點。

在某些機場中，還有著如同大型購物商場的設施，舉凡時尚餐廳、商品種類新奇多元的商店、充滿人文氣息的藝廊等各種設施可說應有盡有，逛上一整天也不會膩，這就是「現代的機場」。

從P.18開始，將介紹「主題樂園化」的機場該如何暢玩！若是想體驗旅行氣氛的話，不妨到機場走一遭。

基礎 2

機場的種類與代碼

機場也有多種分類，並用代碼來指稱各地的機場。

成田、羽田等機場屬於「據點機場」

在日本，包含「機場（直升機機場除外）」與「飛行場」在內，全國共有97座機場，根據日本《空港法》（舊稱空港整備法）主要可以分成4種類型。我們先從擔負國際與國內航空網主幹的「據點機場」開始看起吧。據《空港法》第4條第1項，成田國際機場、羽田國際機場、中部國際機場、關西國際機場、大阪國際機場（伊丹）等機場被認定為「據點機場」。所謂據點機場，指的是那些在國際或國內觀光與貿易上具有重要地位的機場。

在二〇〇八年（平成20）的《空港法》以前，自一九五六年（昭和31）起實施的《空港整備法》中，將具備有國際航線所需設備的分類為「第1類機場」；為國內航線主要據點的分類為「第2類機場」；進行地方航空運輸的分類為「第3類機場」，隨著一九八〇年代國際線的搭乘自由化之後，第2類機場也開始營運國際線，因此變更為現在依照機場規模來分類的方式。

依照管理與設置單位來區分機場

據點機場還可細分為「企業管理機場」、「國家管理機場」、「特定地

機場的種類

・據點機場（28座）
・地方管理機場（54座）
・其他機場（7座）
・軍民共用機場（8座）

主要機場的代碼

國名	城市	城市代碼	機場名・機場代碼
日本	東京	TYO	東京國際機場／HND
			成田國際機場／NRT
美國	紐約	NYC	J・F甘迺迪機場／JFK
	洛杉磯	LAX	洛杉磯國際機場／LAX
英國	倫敦	LON	希斯洛機場／LHR
法國	巴黎	PAR	夏爾・戴高樂機場／CDG
義大利	米蘭	MIL	米蘭・馬爾彭薩機場／MXP
泰國	曼谷	BKK	蘇凡納布國際機場／BKK
中國	上海	SHA	上海浦東國際機場／PVG
	廣州	CAN	白雲國際機場／CAN
韓國	首爾	SEL	仁川國際機場／ICN

方管理機場」這3種分類。「企業管理機場」由企業設置及管理，共有成田、中部、關西、大阪（伊丹）等4座機場；「國家管理機場」由國家設置及管理，共有羽田、新千歲、仙台、廣島、福岡、那霸等19座機場；「特定地方管理機場」由國家設置，並由地方公共團體進行管理，共有旭川、帶廣、秋田、山形、山口宇部共5座機場。

接著是在各個地區發揮重要交通機能的機場，稱為「地方管理機場」。地方管理機場由《空港法》第5條第1項所規定，全國共有北海道的利尻及紋別、東北地區的青森與福島、中部地區的佐渡與靜岡、九州和沖繩地區的佐賀、屋久島、久米島、宮古等54座機場。

另外根據《空港法》第2條，調布飛行場、名古屋飛行場等7處稱為「其他機場」；由自衛隊設置或駐日美軍使用的飛行場，同時兼有民間機場功能的三澤飛行場、岩國飛行場等8座機場則稱為「軍民共用機場」。

順帶一提，日本國內共有37個都道府縣境內有機場，不過群馬、栃木、神奈川、埼玉、山梨、岐阜、滋賀、京都、奈良、三重這10個府縣沒有機場。

用英文字母表示機場和城市的代碼

每座機場都會被分配到1組稱為機場代碼的英文字母。最為人所知的是國際航空運輸協會（IATA，約有120國航空公司加盟的業界團體）規定的3字母代碼，不過其他還有國際民航組織（ICAO）的4字母代碼等。

3字母代碼的例子有成田的「NRT」、羽田的「HND」、關西的「KIX」；海外來說有新加坡的「SIN」、曼谷的「BKK」、西雅圖的「SEA」、檀香山的「HNL」等等。以英文字母組成的3字母代碼最重要的就是清楚好懂，由於是依照機場的建成順序來分配，後來機場所獲得的代碼可能會變得愈來愈難看懂，因此愈早取得代碼的機場愈有優勢。

除了3字母的「機場代碼」外，有些大城市會有多個機場，因此還另外規定了所謂的「城市代碼」；東京為「TYO」、大阪為「OSA」、紐約為「NYC」、倫敦為「LON」、柏林為「BER」、首爾為「SEL」等等。行李條上也會標示機場代碼與城市代碼。若能了解平時看到的機票或行李條上的代碼是什麼意思，就能看出對方或行李的目的地，或許更能體驗身在機場的樂趣。

基礎

3 串連航線的「樞紐機場」

連接各地機場的「中心」，使客機更有效率地載運旅客。

連接航線與航線的中轉軸心

「樞紐機場」在近年來愈發受到矚目。飛機的航線就像自行車車輪的輻條般呈現放射狀，而像車輪輪轂（hub）般位在放射狀航線中心部分的即是所謂的樞紐機場（airline hub）。樞紐機場是連接世界各地航線與周邊地區的中繼點，有時也用來指稱各家航空公司當作據點的機場。雖然需要轉機，但最大的優點是能透過樞紐機場轉至周邊的其他小型機場。

樞紐機場不單單只是大城市裡的大型機場，也有高效率串聯班次，增加飛機航班的優點。舉例來說，假設目前有架1天能飛12班的飛機並有4座機場需要飛行，如果要以直飛方式連接全部4座機場，那就需要6條航線、每條航線2個班次，這麼一來從某機場到另一座機場每天只能往返1次；然而若有樞紐機場，那麼就可以用3條航線、每條4班的方式每天在2座機場間往返2次。而如果再把2次往返分

國際大型樞紐機場排名

（OAG國際航空樞紐連接度指數2019）

第1名	倫敦・希斯洛機場（英國）
第2名	法蘭克福機場（德國）
第3名	芝加哥・歐海爾國際機場（美國）
第4名	阿姆斯特丹・史基浦機場（荷蘭）
第5名	慕尼黑機場（德國）
第6名	多倫多・皮爾遜國際機場（加拿大）
第7名	夏爾・戴高樂國際機場（法國）
第8名	哈茨菲爾德・傑克遜・亞特蘭大國際機場（美國）
第9名	新加坡・樟宜國際機場（新加坡）
第10名	香港國際機場（香港）
第22名	羽田機場（日本）
第39名	成田國際機場（日本）

成上午與下午，不僅旅客搭乘飛機更方便，也提升了地區機場對外交通的便利性。

因放寬規定而在美國誕生的樞紐機場

樞紐機場原是在一九七八年（昭和53）以規定放寬為契機，由美國國內的航空公司所推行的飛航形式。透過在美國中央地帶設立樞紐機場，想飛往美國境內任何目的地都只需要在樞紐機場經過１次轉乘就能抵達，大幅提升了交通便利性。日本雖然也逐漸認識到樞紐機場的重要性，但為此必須滿足諸多條件，既要能縮短大量飛機的起降時間，又要讓乘客的搭機過程順暢無礙。舉例來說，機場需要有多條跑道才能在短時間內讓數架飛機起飛與降落、機場降落費要足夠便宜才能滿足航空公司的利益、需要有夠長的跑道來因應大型飛機、機場要能夠24小時營運等等，這些都是設立樞紐機場的條件。另外，樞紐機場不能只考慮「機場」，還得同時考量到經營航班的航空公司才能讓樞紐機場順利運作。因此，航空公司的經營態度也是讓樞紐機場能夠成立的重要因素。

為了成立樞紐機場，必須與航空公司攜手合作

在最初創立樞紐機場的美國，分別由聯合航空在芝加哥、美國大陸航空在休士頓與紐約、達美航空在亞特蘭大與鹽湖城、美國航空在達拉斯設立據點，並逐步擴大國內外的航線網路。另一方面將目光轉回日本，曾被期待能成為樞紐機場的成田機場僅有達美航空與聯合航空進駐，很難說成田作為樞紐機場充分發揮了其功能。在亞洲地區，新加坡的樟宜國際機場、韓國的仁川國際機場、香港的香港國際機場等目前正作為地區樞紐機場爭奪霸權地位。

在英國的數位航空資訊公司ＯＡＧ所發表的「ＯＡＧ國際航空樞紐連接度指數２０１９」中，會公布全球前50名國際線轉機航班最多的機場，排名方式是計算飛入機場的班次最終目的地數，以及6小時內能轉機的國際定期航班數之間的比例。

在這份報告中，排名第１、轉機航班最多的是英國的倫敦希斯洛機場；第2與第3則分別是德國的法蘭克福國際機場、美國的芝加哥歐海爾國際機場。在亞太地區排入前10名內的有新加坡樟宜國際機場與香港國際機場。日本的機場中，羽田機場排第22名、成田國際機場排第39名。

基礎

4 廉價航空「LCC」

廉航最吸引人的便是價格低廉的機票。
一起來看看它們低價的祕密。

從LCC元年開始漸漸普及到一般乘客的廉價航空

樂桃航空、捷星日本航空、日本亞洲航空等3間航空公司開啟首航的二〇一二年（平成24）被稱為「LCC元年」。

LCC為Low-cost carrier的縮寫，一般稱作低成本航空公司或廉價航空。跟JAL或ANA等全服務航空公司（Full service carrier）或傳統航空公司（Legacy carrier）截然不同，廉價航空最大的賣點在於極為低廉的票價。廉價航空在日本的正式首航由樂桃航空在二〇一二年三月一日創下，主要航線為關西～札幌、福岡。樂桃航空至今也已打開國際線的大門，並藉此獲得廣大人氣。

廉價航空之所以能實現遠比既有航空公司更低的票價有幾個理由，其中之一便是減少了人事費用；廉價航空的售票方式以自家的官方網站為主，報到櫃台也盡可能減少辦理人員的人數。另外，旅客也能使用自動報到機或網路來進行報到。

大型航空公司會採用各式各樣的飛機機型，但廉價航空通常只選用1～2種機型，藉此減少機師、維修人員的訓練及培育的費用負擔，而且因為不需要使用種類繁多的零件，同時也壓低了維修成本。

（廉價航空便宜的原因）

飛機器材的統一性

廉價航空不採用種類多樣的飛機，而是藉由統一機型與器材來減少機組人員訓練、維修與零件的成本。

基本採用網站售票的方式

廉價航空基本上採用在自家官方網站上售票的方式來大幅減少人事費開支。網路甚至提供了24小時的訂票環境。

活用深夜與清晨的時間帶

避開較受歡迎的上午或午間等時間帶，活用深夜或清晨便已停駐在機場的飛機。

簡化、付費化各種服務

限制行李的免費登機條件，或讓飛機餐及飲品付費化來壓低機票價格。

減輕隨身行李 就能以划算價格搭乘

大型航空公司在國內線，多半都能讓旅客免費託運10公斤以下的手提登機行李，但廉價航空只到7公斤為止，有時候因機票類型甚至所有行李都必須付費。飛機的重量愈重，燃料費也就愈貴，為此盡可能減輕乘客的行李重量，或是對超重的部分收取費用，便是廉價航空用來彌補收入的機制。

另一方面，日本國外的廉價航空有時候就不是以重量，而是以尺寸大小來規定能否將行李帶入機內。歐洲的兩大廉價航空，瑞安航空（RYANAIR）與易捷航空（easyJet）便採取尺寸作為規定，只要支付追加費用便可以在座位的腳邊多放1件行李。廉航這麼做或許是因為，即便是旅程日數較短的情況，但只要塞入衣服、衛生用品、單眼相機、筆電等等行李就會變重，而超重就會使費用變高，讓旅客感覺沒有想像中便宜而轉回傳統航空，因此改採用尺寸來規定行李。

妥善運用「最低票價」來享受旅行

除了隨身行李以外，在大型航空公司免費但在廉價航空卻必須付費的服務還有不少，比如飛機餐或飲品、毛巾或枕頭的租借等等。過去讓人覺得理所當然的免費服務在廉航上都要付費，這對已經習慣傳統搭機服務的人來說或許會感到些許困惑吧。

「最低票價」僅適用於旅遊淡季中的少數特定日期，但網站上標示的「最低票價」的確也有在傳統航空公司上看不到的魅力。訂票前考量自己的旅行目的、預算與重視的事物，或許就能更為妥善地利用廉價航空吧。

在訂票網站上會標示每個月的「最低票價」，便於旅客以便宜的價格擬定旅行計畫。

基礎 5

全世界的機場現況

蔓延全世界的新冠肺炎……
了解國外機場對疫情或恐怖攻擊的安全對策，
以及IT在第一線的運用方式。

機場如何維持安全

各位知道全球有多少座機場嗎？根據CIA（美國中央情報局）的資料，全世界共有超過4萬座機場與飛行場；這是能從空中目視的數量，其中也包含了已封閉或遭到廢棄的機場。說到機場最為人熟知的是IATA（國際航空運輸協會）的3字母代碼，而目前已編號的機場代碼共約1萬組左右。

雖然看起來數量驚人，不過有實際載運旅客的機場，根據各地機場管理方所組成的團體ACI（國際機場協會）調查、統計，約2500座機場應該是最為恰當的數字。

既然有這麼多的機場，那麼每個國家、地區在服務、營運、設施等條件上當然就會有所分歧，其中尤其是機場安全這一點最受大眾矚目。另外雖然都說是安全問題，但也有機場治安以及新冠肺炎疫情等各式各樣的層面。

包含機場安全在內，所有關於國際民用航空的一般原則皆規定在一九四四年（昭和19）經由國際民用航空會議所通過的芝加哥公約（國際民用航空公約）。與此同時，公約也順勢成立了聯合國專門機構ICAO（國際民用航空組織），為航空安全、飛航運行系統以及環境等各種議題提供指導與標準。現今全球有193個國家加入ICAO，日本為理事國之一。

安全檢查、出入境審查與檢疫是映照國家特色的鏡子

雖然各國皆遵循ICAO的指示營運機場，但隨著國情或機場環境不同，設有更為嚴格的安全標準也並非罕見的事。

自美國911事件後，世界各地的機場都進一步強化了安全檢查與出入境管理。此外，自二〇〇六年（平成18）發生在英國的客機恐攻未遂事件後，液體攜帶上機的限制也變

得非常嚴格。在北美與西歐各國，開始普及能夠透過微波（電波）探測金屬以及非金屬異物的人體掃描儀，來對旅客進行安全檢查。當然，日本的成田及羽田等主要機場也正推動引進這些設備。

此外，想入境美國除了需要申請電子旅遊許可證，也可能在出發地受到隨機抽查，可說有著相當嚴格的安保措施。但反過來說，出境時雖然仍須接受完整的安全檢查，但無須做出境審查，這種「去者不追」的態度也頗具美式作風。

至於從以前便在機場等處設有嚴格警備措施的俄羅斯與中國，光是進入機場或車站建築就必須檢查隨身行李；而與周邊國家關係緊張的土耳其等國，也開始效仿中俄採用類似的安檢體制。給人治安良好印象的西歐各國，其負責警備的警察攜帶手槍的光景其實也不算稀奇。

除了以上這些因應突發事件或恐怖攻擊的措施外，近期最受矚目的機場議題，就是新冠疫情等公共衛生上面臨緊急事態的應對手段吧。目前ＩＣＡＯ及ＩＡＴＡ都已擬定指導方針，各國政府也視自身情況公布出入境的條件。最引人注目的是中國及印尼以自身國民為對象，採用手機Ａｐｐ來申報自我健康狀況的做法。

ＩＴ化的推動雖是各國機場都面臨到的課題，但進度卻不盡相同；比如成田機場雖預定要引進生物辨識技術來進行報到與登機等手續，但在未來各國或許除了這類系統外，還需要聯合健康申報Ａｐｐ或紅外線熱像儀等各種檢查系統才能做到完善的安全措施。

不論如何，為了安全且健康的國外旅行，都應該積極接納這些演變與進步。

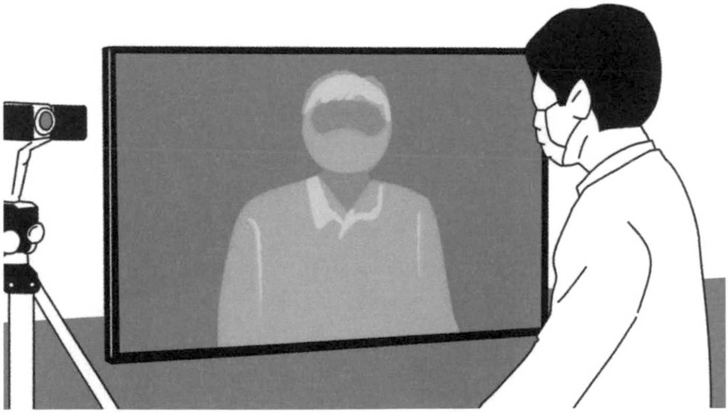

現在許多機場都設置了紅外線熱像儀來感測體溫，以便應對逐步擴大的新冠疫情。

基礎 6

持續進步的機場

不只是餐廳與伴手禮專區，還附設電影院、溫泉及購物商場，機場正逐漸成為城市的娛樂中心。

日本「Omotenashi」（殷勤款待）凝聚精神的區劃

機場已不再只是搭乘飛機的起降場，現在更能體驗「機場本身」的樂趣，以「娛樂中心」的地位受到注目。

在羽田機場國際線航廈4樓的餐飲商店街「江戶小路」，現代的匠人們透過傳統的日式工法重現了江戶的街景，以「和」與「江戶」為主題的餐廳及伴手禮店可說櫛比鱗次。與江戶小路一同建造的還有「羽田日本橋」，復原了據說是一六〇三年（慶長8）架設的日本橋（東京都中央區）。羽田作為飛向世界的玄關，在機場內設置一切道路的起點「日本橋」，頗有以橋建立人與旅行之間連結的意涵。

另外，國際線航廈5樓有間可以一邊觀賞星象儀、一邊品嚐美食的新型咖啡廳，對親子或情侶而言都是最佳的觀光景點。

可以完全了解飛機運作機制的博物館與機場參觀行程

在關西國際機場的關空觀覽大廳Sky View裡，附設了可以學習機場和飛機知識的體驗型設施「航空博物館」。除了介紹關西國際機場這日本第一座人造機場島是如何建造等機場歷史外，還展示72分之1的航廈及停機坪微縮模型，另外也還有模擬飛行體驗等各式各樣的觀光內容。這對將來想任職於飛機和機場相關工作的小朋友來說，想必會是最棒的景點吧。

除此之外，羽田機場等處也能加入工廠參觀等行程，觀摩平時沒機會看到的機場或飛機運作，知曉其背後不為人知的一面。

藉由溫泉及電影悠閒地消除旅行的疲憊

坐飛機旅行往往需要長時間坐在座位上，因此到達目的地後總是會令人感到疲憊不堪……為此在部分機場裡，附設了能夠療癒疲累身體的溫泉。在新千歲機場國內線航廈4樓的「新千歲機場溫泉」裡，提供了露天浴場、室內浴場、三溫暖、岩盤浴等服務，可以在距離天空最近的溫泉鄉中好好放鬆一番。從成田機場搭乘免費接駁車5分鐘可到達的溫泉會館「成田機場溫泉空之湯」中也有露天浴場，可以一邊泡湯一邊欣賞飛機的起降景象。中部國際機場新特麗亞的第1航廈4樓Sky Town中，則有能夠欣賞沉入伊勢灣夕陽及飛機起降光景的觀景浴場「風之湯」。除了以上這幾個機場外，北九州機場、大分機場、鹿兒島機場等地也都有可以泡足湯的景點。

名古屋機場的「midland CINEMA名古屋機場」是日本國內第一間可以看到飛機跑道的電影院。從大廳內的咖啡廳區劃可以欣賞起降的飛機或直升機，是觀賞電影前後放鬆身心的好去處。

機場不再是中繼點 而是可以觀光的「目的地」

二〇一九年（令和元）在成田國際機場第2航廈本館2樓，成立了複合式娛樂設施「成田Anime Deck」，持續宣傳日本聞名於世界的動畫及其角色魅力。人氣作品與遊戲的相關周邊、推出動畫聯名餐點的主題咖啡廳等，都是國內外粉絲們最喜愛的去處。

如今，機場不再只是搭乘飛機的旅途中繼點，而是成為光是前往也能獲得樂趣的娛樂場所，儼然是遊客們的「目的地」。今後機場也仍會持續進化，增加更多元有趣的設施吧。

（日本國內主要機場的推薦區塊）

●新千歲機場（北海道）

在全世界第一間機場附設型的「哆啦A夢空中樂園」中可以親子同樂，體驗以哆啦A夢祕密道具為主題的各種遊樂設施，也能在人氣主題咖啡廳內品嚐美味餐點。機場還附設了電影院、阿伊努文化展示區、旅館及溫泉等設施，能夠在趣味十足的各個景點度過愉快的候機時間。

●中部國際機場（愛知）

在機場內有著洋溢歐洲風情的「紅磚街道」，以及還原日本往昔商店街氣氛的「提燈橫丁」等富有趣味的各主題區塊。「休憩處 風之湯」是日本國內機場第一間觀景浴場，可以療癒旅客疲憊的身心。此外也還設有在全世界也很罕見的婚禮會場。

●羽田機場（東京）

「江戶小路」追求日式工法，還原經典的「江戶街景」。可以品嚐江戶前壽司、烤雞肉串、關東煮等各式和風美食。另外還有商場「TOKYO POP TOWN」，其中包含人氣吉祥物商店，或是能欣賞星象儀的咖啡廳，可以全天候遊覽豐富多樣的各種景點。

以機場作為舞台的經典電影

人群來往穿梭、歷經邂逅與別離的機場，正是上演一齣戲劇的最佳舞台。以下將從許多以機場為故事背景的電影中向各位介紹最具代表性的作品。

人氣系列電影4部曲中最具意義的首部《國際機場》

若說到以機場為背景的電影鼻祖，那肯定要算是一九七〇年（昭和45）上映的熱門作品《國際機場》，原文片名甚至就直白地叫作「Airport」。本作翻拍自作家亞瑟・海利的暢銷同名小說，編劇與導演為喬治・希頓。

當年好萊塢為了對抗低預算卻深受影迷喜愛的美國新好萊塢電影，不惜投入龐大製作費拍出了這部娛樂大作；主演陣容更是群星薈萃，集結了畢・蘭卡斯特、珍・茜寶、狄恩・馬丁、傑奎琳・比塞特等明星，可謂豪華至極。

故事開始於一場10年難得一見的暴風雪中；波音707客機在降落芝加哥林肯機場時因積雪而失敗，困在主要跑道上動彈不得。這部作品是典型「大飯店形式」（一種在電影或小說中，讓各式各樣的人們因某個契機聚集在飯店這類場景裡，並同時描繪其各自際遇的表現手法）的群像劇電影。

本作票房超過1億美金，是一九七〇年上映電影中第2名。環球影業乘著這波熱潮，在之後幾年陸續推出《國際機場1975》、《國際機場1977》、《國際機場1979》共3部續集。本系列電影每次的演員陣容都不同，唯有喬治・甘迺迪在4部電影中都有出場；雖然都是配角，卻包含了飛機技師、飛機公司副總裁、機師等形形色色的角色。

大雪紛飛的平安夜，「那男人」在杜勒斯機場大鬧

下一部電影是著名的動作鉅獻《終極警探2》（一九九〇年（平成2）上映），主角仍是那位布魯斯・威利飾演的紐約市硬漢警探「約翰・麥克連」。劇情改編自沃爾特・韋傑的小說《58分鐘》，場景則從小說中的紐約移到華盛頓DC的杜勒斯國際機場。故事時間設定在前作摩天大樓恐攻事件1年後的聖誕節前夕。故事開始於麥克連前來機場準備迎接妻子荷莉時，發現形跡可疑的二人組並上前問話，最後卻演變為槍戰並被捲入一場驚天

陰謀中。

察覺事態嚴重性的麥克連雖然闖入塔台想要阻止一切，但恐怖份子仍關閉了跑道的下滑指示燈，讓儀器降落系統（ILS）故障，甚至連正在興建的塔台也遭到爆破。正當許多客機在空中等待降落指示時，殘餘燃料不多的英國溫莎航空114號班機（道格拉斯DC-8-63）被恐怖份子所誘騙，隨著假的ILS指示降落而墜毀。荷莉搭乘的東北航空140號班機（洛克希德L-1011三星）緊接著就要沒油，她的命運又該何去何從……

經歷一番惡戰，麥克連搭乘電視台的直升機降落在正要起飛、由恐怖分子控制的巨無霸客機（波音747F）主翼上。最後麥克連將衣服夾進副翼的可動部分中使其癱瘓，並打開油箱蓋用打火機點燃漏出的燃料炸掉整架飛機。有趣的是從這驚心動魄的最後一幕中也能清楚看到飛機的結構，頗具有寓教於樂的意涵。

亡父對紐約的心願。主角手上的罐頭是裝什麼？

要說最家喻戶曉的機場電影是哪一部，那應該就是史蒂芬．史匹柏執導的《航站情緣》（二〇〇四年〔平成16〕上映）。

湯姆．漢克斯飾演的維克多．納沃斯基在入境紐約甘迺迪機場時突然被入境管理局攔下，原來是因為他的國家克拉科齊亞（虛構的東歐國家）爆發了政變而被推翻，他所持有的護照也隨之失效。無法入境美國，也無法回去克拉科齊亞的維克多只能展開在機場生活的日子。

邊境保衛局官員的刁難、與凱薩琳．麗塔-瓊絲飾演的空姐之間的曖昧情愫、與機場清潔員或食物運送員之間的友誼……維克多最終跨越了許多困難，終於進入心心念念的紐約街頭。在他那個無比珍視的罐頭中，裝的是爵士迷父親從地方報紙上剪下來的58位爵士樂手的大合照，以及寄信收集而來的57位樂手的簽名。為了完成亡父的心願，維克多前往最後一位樂手班尼．高爾森的所在地「拉瑪達旅館」爵士俱樂部。

這張標題為「A Great Day in Harlem」的照片攝於一九五八年（昭和33）紐約市哈林區126號街，由攝影師阿特．凱恩拍攝，是真實存在的照片。照片上58名樂手中，只有本作裡由本人親自飾演的班尼．高爾森（88歲）以及桑尼．羅林斯（89歲）這2位仍然在世。

PART 1

抵達機場後

PART 1
INDEX

登機手續

為了搭乘飛機，報到、托運行李、接受安檢等手續是不可或缺的。除了手續過程與目的，也會一併介紹辦理這些業務的人員。

→ P. 26

貨物裝載

行李箱及休閒器材等較大的行李要向航空公司託運，這些行李及貨物會裝載到飛機的貨艙中。那麼行李是以什麼方式裝到貨艙裡並送往目的地呢？

→ P. 32

旅行對旅行愛好者而言，火車站或公車總站等旅途的出發點總是令人雀躍不已，尤其機場不只飛向國內也飛往遙遠的海外，更加令人興奮期待。

但許多人應該也會對初次造訪的機場以及不熟悉的出國手續感到憂心不安，比如「登機手續會不會很麻煩」、「在機場該怎麼殺時間」等等。如果因不清楚流程而只是拉著行李箱在出發區慌忙走動，不僅在出發前就疲累不堪，也浪費了難得的旅遊時光。

在PART1，本書首先會介紹登機報到的方法、機場櫃台相關的工作人員、進行安全檢查與出國手續的方法、以及在機場內忙碌工作的車輛和守護旅客安全的各種系統。只要了解登機前的手續流程，在機場便能來去自如，各種採用最新科技的系統也

在機場內工作的車輛

客機不只載運燃料、水與貨物，也會載運餐點。在機場內除了有運送這些物資的車，還有其他協助飛機完成飛行的各式車輛。

→ P. 34

候機室、貴賓室

完成登機手續後，接著就是等待出發。為了舒適地度過這段時間，機場內各處都設有候機室。另外還有專為特定人群服務的特殊候機「貴賓室」。

→ P. 38

商場、餐廳

除了出國旅行的旅客，來接送的人也有機會來到機場。一起來看看機場內有哪些商店、餐廳與其他休閒設施吧。

→ P. 42

相當引人入勝。

除了旅客之外，機場為了讓接送旅客的人也能過得舒適愉快，甚至同時附設了餐廳、商店、休閒設施等區域，近年來部分機場的設施與服務豐富程度甚至媲美大型購物商場。

若事前了解機場內有哪些商店並掌握路線及相關費用，便能有效活用出發前的時間，各位或許也會更加喜歡機場。

為了能夠安心、充分地享受從機場出發的飛機旅行，讓我們先來看看抵達機場到登機前的大致流程吧。

搭乘飛機就從這一步開始

抵達機場後，我們首先會接觸到的就是航空公司的「地勤人員（旅客服務人員）」。地勤人員會站在報到櫃台裡面，協助旅客辦理直到坐上飛機前的所有業務，包含登機手續、行李託運及管理等等。身為地勤人員須具備流利口條及對答能力，能夠應對兒童、身心障礙人士以及各種國籍的旅客，並妥善處理劃位、退費等業務，另外還需要學習複雜的哩程計算等相關知識。

近幾年雖然大量引進「自助報到機」，不需到櫃台排隊就能辦理登機手續，不過仍會有地勤人員會在報到機附近協助旅客進行操作。此外，近年來在航空公司的地勤人員中還新增了許多所謂的「禮賓員」，除了登機手續外還會接待旅客前往候機室，並細心介紹轉機的方法等等，提供無微不至的服務。

地勤人員（旅客服務人員）

地勤人員為航空公司的工作人員，會協助旅客順利、舒適地辦理各項登機手續。除了登機及行李託運外，也幫忙旅客做身體及行李的檢查，並指示旅客前往登機門。

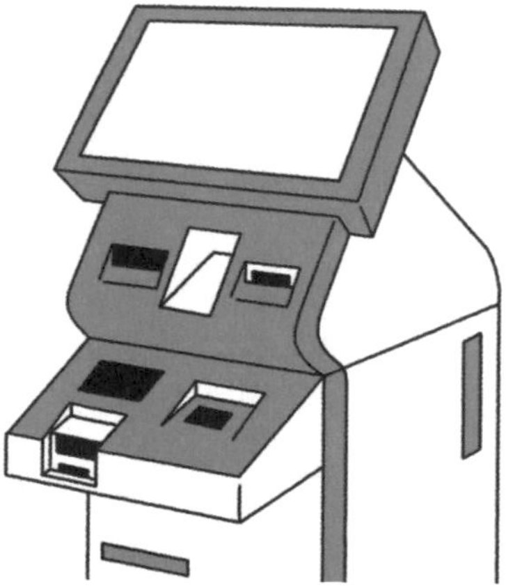

自助報到機

設置於機場內供旅客操作，可以購買機票、辦理登機、更改航班及座位、累積並查詢哩程、列印收據，無需前往櫃台便能完成登機手續。

協助旅客進行一場空中之旅的「禮賓員」

禮賓員「concierge」這個單字源自法語，英語的拼寫及讀音也保持原樣。這個字在法語中原為「守門」與「公寓管理員」的意思。雖然禮賓員普遍存在於旅館業及百貨業，不過最近採用禮賓員制度的航空公司也愈來愈多了。許多高等艙位皆設有禮賓員，除了可以使用與一般乘客不同的專用快速櫃台辦理各項手續，禮賓員也會接待這些旅客前往貴賓室，在出發前便可體會無微不至的服務。

報到櫃台

在各航空公司的報到櫃台可以購買或領取機票（登機證）、託運行李或辦理登機報到（Check-in）。若無事前劃位，可以在報到櫃台請地勤人員幫旅客劃位。

為了守護飛航安全 絕不能馬虎的行李檢查

乘坐飛機去旅行總難免會攜帶各種行李，比如裝入手機和錢包等隨身物品的背包，如果要住宿則可能帶上容量更大的行李箱。話雖如此，飛機客艙的空間也是有限的，因此行李就會隨尺寸及數量分成本人攜帶上機的「登機隨身行李」，以及裝載在貨艙內的「託運行李」這2種。

登機隨身行李會跟著本人進入安檢區，檢查是否攜帶剪刀或小刀等違禁物品。另一邊託運行李則會透過櫃台或自助託運機轉交航空公司保管，且同樣在裝入貨艙前會仔細檢查行李內是否有爆裂物等危險物品。

為避免發生恐怖攻擊事件、守護飛航安全，才會設下嚴格的規範將行李區分出「能帶上機的物品」與「需要

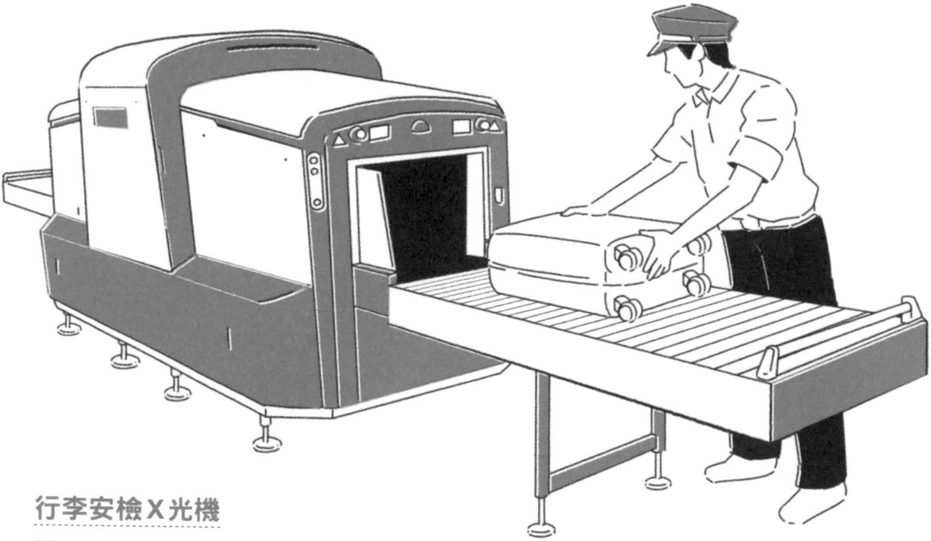

行李安檢X光機

託運行李從櫃台或自助託運機搬上輸送帶後會送到行李分揀處，而在此過程中會通過輸送帶上的掃瞄系統自動檢查是否裝有危險物品。相較於以往在櫃台前檢查，不僅大幅提高速度與精確性，也縮短乘客的等待時間。

寄放的物品」。

行李檢查過去曾是出國時最花時間也最具代表性的手續，但近年來許多機場引進了稱為「智慧通道」（Smart Lane）的安檢通道，正逐步解決人流與行李堵塞的問題。在過去，一般的安檢流程是排在後面的人需等待前面的人將行李送入安檢輸送帶，若是必須開箱檢查，後面的人也得一起等待檢查完成，不過智慧通道可供3～4人同時進行準備，先準備好的人只要將行李放入托盤再推入輸送帶即可；要是必須開箱檢查，那麼有問題的托盤會送到其他輸送帶，排在後面的人就無需多做等待了。引入最新科技大幅提升處理行李的能力後，機場便不再像以前那樣總是大排長龍。

寶特瓶回收箱

進行安全檢查時，有些物品即使不是垃圾也必須丟棄。若以國際線來說，能隨身攜帶的液體有每個容器100㎖以下的容量限制，因此一般而言寶特瓶飲料不論是否開封都必須在安檢區丟棄。

不能帶上飛機的物品

小刀、球棒、螺絲起子等可以作為兇器使用的物品禁止帶上飛機。煙火或露營用瓦斯罐等有起火、爆炸風險的物品不只無法帶入機內也禁止託運。另一方面，有些物品如內建或裝有鋰電池的電子器材，雖然不能託運卻可以帶上飛機。

機場的生物辨識技術

日本國土交通省以實現舒適的旅行環境為目標，為此積極在機場引進尖端系統協助旅客辦理手續。在這之中最先設置的，就是活用生物辨識技術的「臉部識別系統」。這項系統目前運用在出入境管理，日後也預計會導入航空公司的報到、安全檢查及登機門等流程中。

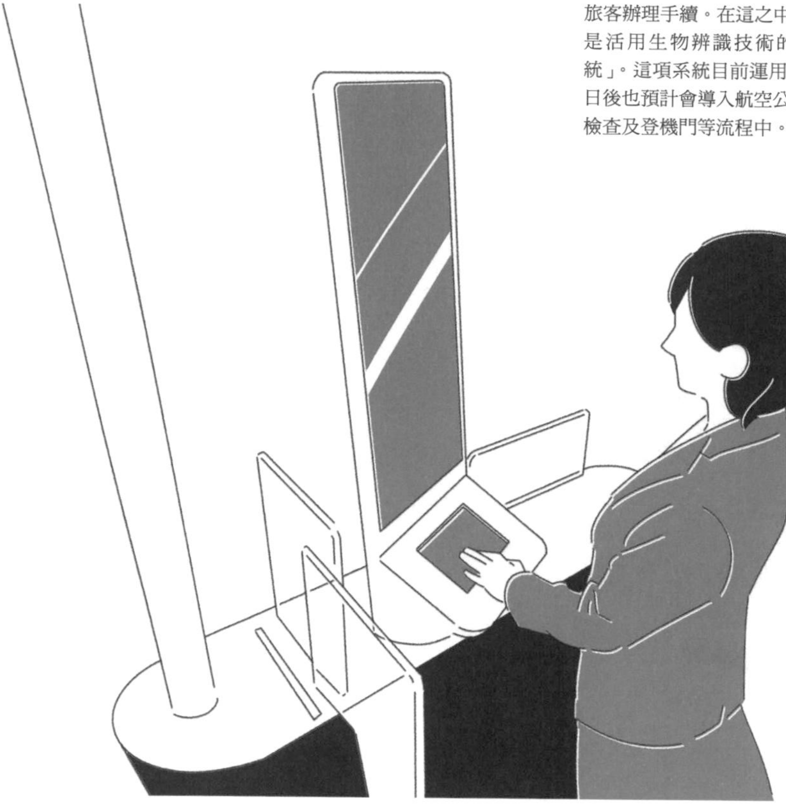

憑藉尖端科技不斷進化的安全檢查及出境手續

完成報到及行李託運後，接下來就是「安全檢查」與「出境審查」。所謂的安全檢查是為了避免劫機或恐攻並保護飛航安全，基於國際標準所設定的一系列對乘客及行李的檢查措施。安檢人員會透過金屬探測器或身體碰觸來檢查乘客是否攜帶刀具等危險物品，或是其他禁止上機的違禁物。近年來各大機場也引進利用微弱電波（微波）進行檢查的新型人體掃描儀，除了金屬外還能檢測出塑膠或液體等其他物品。

於此同時，隨身行李也會受到X光機的檢查。X光機同樣隨著科技發展持續進步，舉例來說目前各大機場引進的除了有能夠從水平、垂

出境審查

出境的意思是離開日本的領土，必須持有效護照才能辦理。一般所謂的「出境審查」，指的是出入國在留管理廳派遣的入境審查官對旅客所做的出境查驗手續，不過現在除了審查官所在的窗口外，也能透過「臉部識別通關」或經由指紋認證的「自動化通關」等方式出境。

登機門

每架飛機所分配到用來登上飛機的出入口，在此處會有航空公司的工作人員檢查護照及機票以確認是否為本人。另外如果航線會前往美國，那麼在登機門前還需要多經過一道安全檢查的程序。

直兩個方向照射Ｘ光，在即使行李內的物品交疊的狀態下也能正確檢測的機型，另外也有將內容物以３Ｄ圖像顯示出來的ＣＴ（電腦斷層掃描）型Ｘ光機。

在完成這些檢查後，終於要來到出境審查的環節了。無論日本人還是外國人，只要離開日本都必須辦理出境手續。以日本人為例，出境時需持有有效護照，並需接受入境審查官的查驗。過去雖然會在審查窗口前由審查官本人進行核對，但近幾年許多機場都引進了可進行指紋認證的「自動化通關」，或是能夠自動比對護照ＩＣ晶片所登記臉部照片的「臉部識別通關」等各種新型通關系統，提升通關手續的速度與準確性。

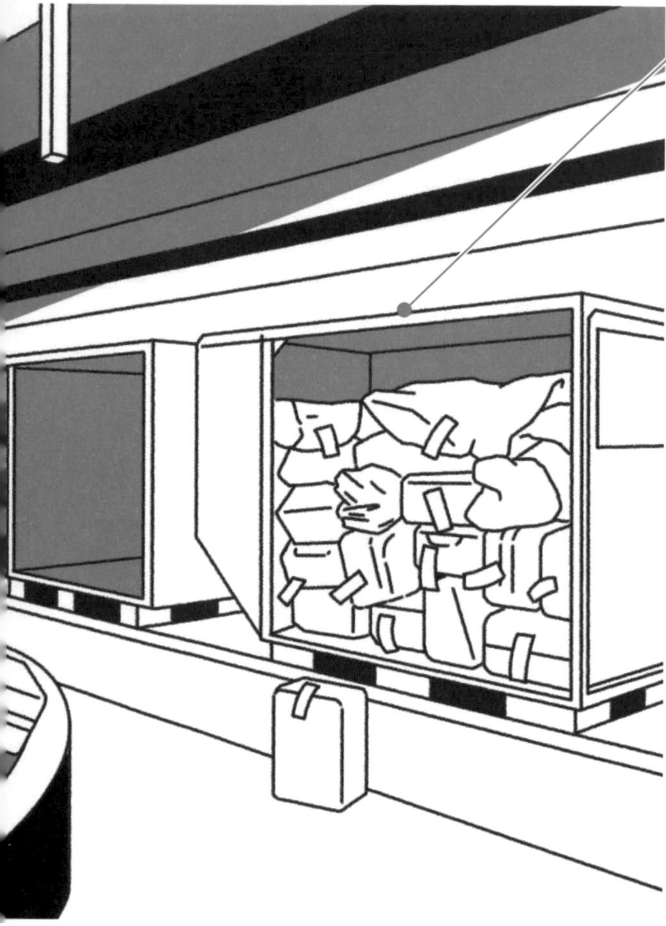

航空貨櫃

準備送入貨艙的行李會先裝進稱為ULD（Unit Load Device）的標準規格貨櫃裡以提高貨物裝卸效率。ULD的形狀貼合機身截面，並設計成能運用在各種不同的機型上。此外，ULD除了一般貨櫃外還有貨盤、冷藏貨櫃等形狀，以及尺寸、功用各不相同的種類。順帶一提，客機上最常見的ULD型號是LD-3貨櫃，其1個貨櫃的內容量為4.5m^3。

貨物裝載

託運的行李裝載至飛機上的機制

航空公司會在乘客託運的行李貼上稱為行李條的長條形標籤，上面會標示目的地、航班以及記有這些資訊的條碼。在這之後，行李會透過稱為BHS（Baggage Handling System，行李自動分揀系統）的輸送帶系統自動送到分揀區，途中會經過EDS（爆裂物偵測系統）等裝置仔細檢查行李中是否有禁止託運的危險物品；若EDS判斷可能含有危險物品，那麼還會有人員進行人工檢查。

通過檢查的行李會來到稱為行李裝卸區的地方，先被裝進貨櫃裡再送入每架班機上。為了避免沉重的行李箱壓在較輕的伴手禮等貨物上，或行李裝載不均導致飛行中行

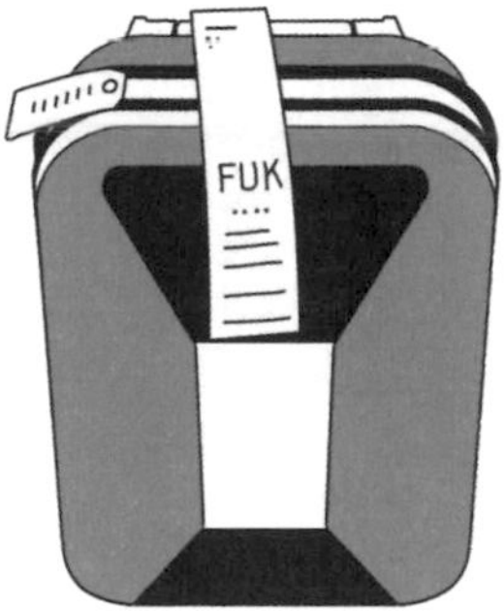

行李條

交付給航空公司的「託運行李」會貼上稱為行李條的長條形標籤。行李條上除了標示目的地機場的3字母代碼，還有出發地、搭乘航班、乘客姓名等資訊。行李條上也印有可供讀取的條碼，可以追蹤行李的動向。另外有些讓乘客自行託運的「自助託運機」印出來的行李條不會使用底紙，在黏貼時不會產生多餘的垃圾。

行李裝卸區

自動分揀好的行李會經由輸送帶送到行李裝卸區，再由地勤人員小心地將行李裝進貨櫃裡，以免堆好的行李在飛行中散落，並造成行李碰撞而破損。另外，此時地勤人員也會透過條碼來檢查行李是否有裝錯貨櫃等情況。

某些機型會直接將行李送入貨艙……

如波音737這種活躍於國內線或亞洲地區短程國際線的機型，就屬於跟標準貨櫃規格不相容的小型機。若是這些機型，會將分揀好的行李直接用貨車或搬運用貨櫃運送到飛機旁，再透過輸送帶直接堆進貨艙中。某些機型的貨艙地面會鋪設滑毯以便順利地將貨物推進去。

李四處碰撞，在這項裝機作業中會由負責地上勤務的工作人員進行人工裝卸，以盡可能避免行李刮傷或破損。順帶一提，為防止行李裝錯或忘記裝入貨櫃等情形，地勤人員同樣會用條碼管理行李的目的地、班機以及裝載的貨櫃號碼。至於運動用品等無法通過輸送帶上各種檢查裝置的大型行李，或是易碎物品等必須小心處理的貨物，則會由地勤人員親手搬運。除此之外，飛機若是與貨櫃規格不相容的機型，那行李則會裝到貨車裡並直接運至飛機上。

裝入行李的貨櫃會透過行李拖車運送到飛機旁，再接著堆入飛機的貨艙中。

用來裝卸貨物及飛機餐的各式車輛

在飛機停駐的「機坪」上可以看見各種機具車輛往來工作。將我們託運的行李運送到飛機上的拖車便是其中一種。

貨櫃首先會放到稱為「盤櫃車」的連結式台車上，再由稱為「行李拖車」的小型拖車將其拖曳到飛機旁，接著搭載升降機的「裝卸車」會將貨櫃升起並裝載進貨艙內。如果是衝浪板等難以放進貨櫃裡的行李，又或是飛機機型本身無法裝載貨櫃，那麼行李就會裝載到飛機上稱為「散裝貨艙」的空間裡。為了將行李一件一件送進散裝貨艙，這時就需要用到一種搭載輸送帶裝置、稱為「滾帶車」的車輛。

除了上述車輛外，還有將飛機餐送進機內的「冷藏食勤車」、提供飲用水的「給水車」等等，光是「裝載」這項作業便需要多種車輛同時配合才能完成。

行李拖車

機場的行李拖車是種小型拖車，用來拖曳載有貨櫃、貨盤的盤櫃車（台車）。車身後方有連結裝置，最多可以拖曳5～6台盤櫃車。除了引擎式的車輛，近年來還推出了電動車。

盤櫃車

用來運送貨櫃、貨盤的台車，平台部分設有滾輪以便裝卸貨櫃。平台在裝卸時為了可以改變貨櫃方向，底部還採用了轉盤設計。

滾帶車

這是用來將行李裝載至散裝貨艙的車輛，車上配有能調整角度的輸送帶。部分滾帶車還裝有滑動式的遮雨棚，避免行李在雨天被淋濕。

裝卸車

裝卸車搭載升降機，能將貨櫃及貨盤抬升到飛機貨艙的高度。放在平板車上的貨櫃會先依照貨艙的艙門位置調整方向，再經由裝卸車把貨櫃裝載進貨艙裡。

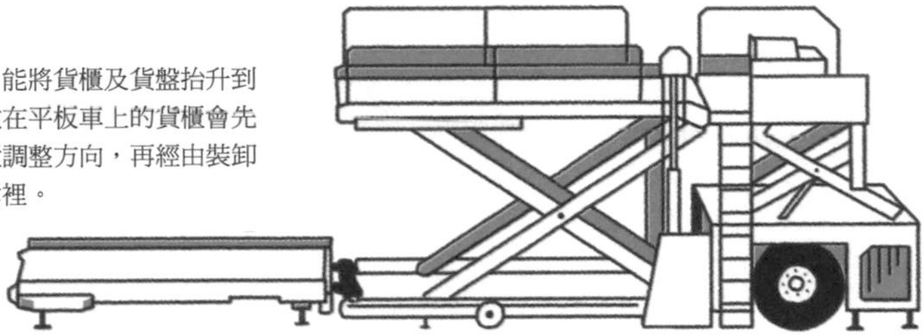

冷藏食勤車

飛機餐在空中廚房製作好後，會在嚴格的溫度管控下放入具備製冷系統的「冷藏食勤車」中，並立刻運送到飛機上。為了從客艙的艙門直接將餐點送入飛機，平台部分可以抬升到艙門的高度。

給水車

用來提供飛機內飲用水的車輛。國內線會裝載數百ℓ，國際線則會裝載1000ℓ以上的飲用水。另一方面，用於廁所的汙水則有專門的清廁車進行回收。

飛機拖車

活躍於國際線的大型客機重達250～350t。以客機來說考量到效率及安全性，基本上大多數客機都無法自行倒退，因此出發前或降落後就必須仰賴「飛機拖車」來推動飛機進行倒退。

飛機拖車可分為「拖桿式」及「無桿式」2種，其中拖桿式是藉由「拖桿」與飛機的前輪連結在一起來推動飛機；而無桿式則是透過將前輪抱起來的方式來推動飛機。由於拖桿式拖車無論連結還是分離都相對簡單，因此通常會用在機坪內以便配合緊湊的航班。至於無桿式拖車因為穩定性高，移動速度也快，所以多用來將飛機拖曳至機坪較遠的位置或維修廠房。

扶梯車

若飛機所在的機坪位置沒有連接航廈及飛機的PBB（登機橋），那麼機組人員與乘客上下機時就要使用搭載階梯的「扶梯車」。部分扶梯車配有遮雨棚幫乘客遮蔽雨水或雪，或是階梯具備能夠伸縮收納的功能。

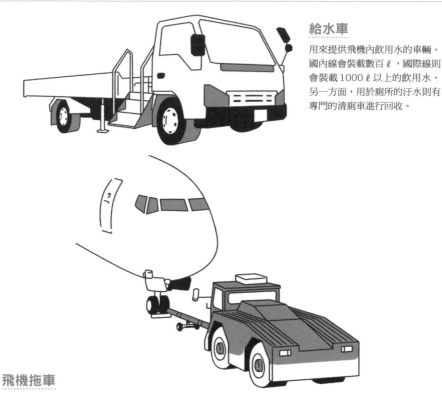

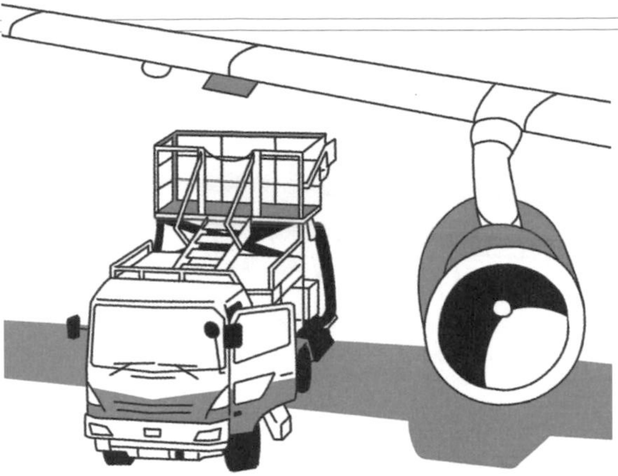

油栓車／油罐車

飛行長距離國際線的波音777或787可以搭載12～17萬L的航空燃油。燃油雖然可以在機坪內透過特殊車輛獲得補給，不過使用的車輛會依照機場的設備而有所不同。

大型機場設有地上的儲油槽，燃油先透過油輪等載具運輸到儲油槽後，經由「加壓幫浦」及埋藏於地下的輸油管把燃油輸送至機坪，最後再利用「油栓車」連接機坪加油坑的管口與飛機，在調整壓力並計算油量後為飛機加入燃油。至於沒有相關輸油設備的機場則使用稱為「油罐車」的大型車輛，藉由車上的加壓設備把燃油輸進飛機油箱中。

地面引導車

在機坪上，飛機引導員（Marshaller）會使用形狀像是湯勺的指揮棒透過手勢對機師下達指示，將客機引導至正確的停機位置。若要指揮很難看見手勢的大型客機，那就會使用附有升降機的「地面引導車」。另外，在大型機場會引進利用紅外線雷射來測量飛機位置和速度並顯示相關資訊的「VDGS（目視停靠導引系統）」來指揮飛機。

機輪更換車

客機的輪胎在經過約100～200次飛行後就需要更換，如果有磨耗劇烈或爆胎的狀況，有時候甚至需要在緊湊的航班之間更換輪胎，為此機場會準備裝設有千斤頂與起重器的特殊車輛，用來抬起飛機的起落架以及重達200kg的機輪。

機場用化學消防車

機場皆會配備「機場用化學消防車」以應對飛機起火等情況。為能迅速抵達現場進行滅火，機場消防車相較於一般消防車具有更好的加速性能及操作性。除此之外，機場消防車還配有數千到1萬ℓ的水箱容量及泡沫滅火劑，能夠一邊移動一邊噴灑泡沫與水。

候機室

候機室設置有成排的椅子供旅客坐下休息。除了筆電用的辦公桌或投幣式的電腦上網服務，候機室內還有免費Wi-Fi、電源插座、電視、按摩椅等各種設備。

登機門

國際線的登機門會檢查護照與機票，最後一次確認搭乘的人是否為本人；若託運的行李中有違禁物品，會在此時向乘客進行確認。如果前往的國家有額外規定，也會隨機對乘客進行安全檢查。

不斷進步！變得更加方便與舒適的候機室

若是搭乘日本國內航空公司的國際線，那在機場的最晚報到時間會是出發前1個小時，因此只要登機手續順利，大多數旅客在出發前應該都有充裕的待機時間可供利用。

為了讓旅客能舒適地度過這段等待時間，機場也會在登機門周圍設置「候機室」。以往的候機室僅有簡單的椅子與電視，不過近年來設備不斷進步，除了一般的電源插座外還提供USB充電插座以及免費Wi-Fi。許多候機室也設置了按摩椅、育嬰室以及桌面空間供筆電辦公使用。

登機門到了出發時間會向旅客開放，旅客需要在此接受地勤人員確認護照及機票，再往前走向飛機，

旅客資訊系統

登機門上方的顯示器不僅會顯示登機門的編號，還有目的地、班次、預定出發時間等各種資訊。除了以上這些基本資訊外，有時還會顯示旅客登機時間、誤點情況、聯營航班（與其他公司共同經營的航班）等其他關於航班的資訊。旅客甚至還能透過旅客資訊系統了解飛行時長、目的地的天氣狀態與氣溫等等。

PBB（Passenger Boarding Bridge）

PBB是連接航廈與飛機的「橋」，採可動式結構，可以配合機身大小或艙門位置伸縮、升降或旋轉。如果是大型客機，有時會連接2～3座PBB。以往PBB多給人陰暗狹窄、高低不平的印象，不過最近許多PBB改採用透明的玻璃罩，並盡可能消除廊道的高低差。

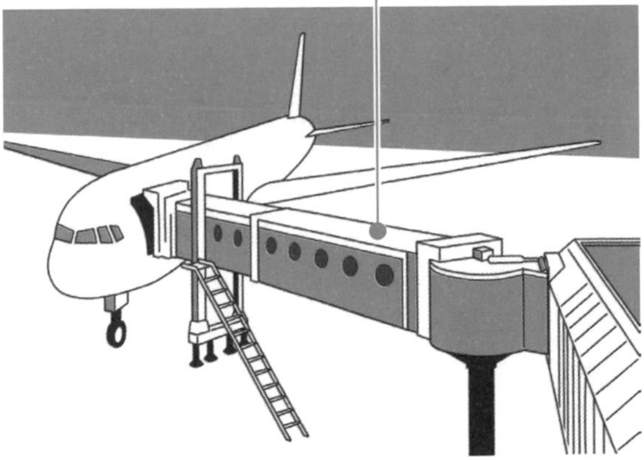

途中會經過連接飛機與航廈的PBB（Passenger Boarding Bridge，登機橋）。PBB的構造設計成可配合飛機機型伸縮、升降或旋轉。

自助餐、餐飲室

航空公司的國際線貴賓室會以自助餐形式提供咖哩、麵類、麵包等輕食，以及各種飲品與酒類。頭等艙貴賓室則可以像餐廳那樣在餐飲室或酒吧點餐，品嚐現點現做的美味料理。

貴賓室

在特別的空間享受悠閒時光

在機場內還有一種稱為「貴賓室」的特別候機室。貴賓室通常供旅客在出發或轉機的等待時間使用，不過也有貴賓室可在下機後使用，緩解旅客長途旅行的疲勞。

雖然都稱為貴賓室，不過還可細分成航空公司提供的「航空公司貴賓室」、機場營運方提供的「機場自營貴賓室」、信用卡公司提供的「信用卡貴賓室」，使用資格也各有不同。

若是航空公司貴賓室，使用資格多為頭等艙、商務艙旅客以及飛行常客獎勵計劃的高級會員。貴賓室的氣氛悠閒平和，寬敞的空間裡擺放著舒適的沙發與桌子，一般而言除了提供自助餐式的餐飲服務外，

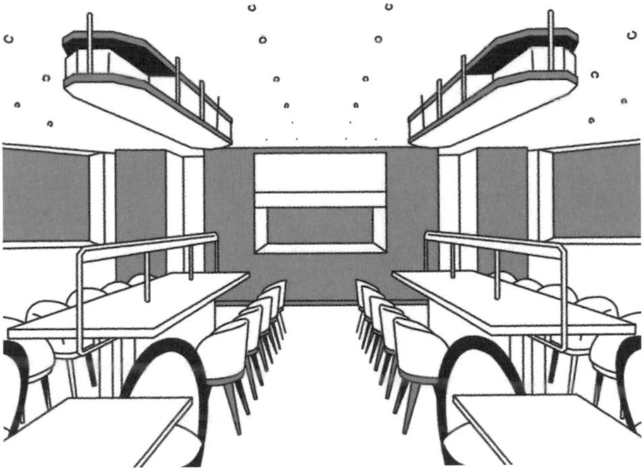

特別服務

如今高級艙等的貴賓室幾乎都配有高級飯店般的休閒設施。國外有不少航空公司提供了內容精緻豐富的貴賓室服務，諸如電子遊戲空間、高爾夫球室內練習場、小型美術館等等。有些機場甚至設有高級貴賓室的專用航廈，部分航空公司會在此提供豪華轎車接送服務，載運旅客前往飛機旁搭機。

商務及禮賓服務

某些航空公司的貴賓室設有禮賓員，可以協助旅客為之後的旅程預約、訂房並提供各種觀光資訊。若旅客是出差辦公，除了提供影印服務外，部分機場也有會議室可以讓旅客在此開會。

淋浴間

在完成工作並準備出發前往海外時，貴賓室裡也有淋浴間供旅客洗掉一身汗水，消除工作後的疲勞。當然，吹風機、毛巾、沐浴乳等生活用品也一應俱全。順帶一提，國外某些航空公司的貴賓室也準備了可以住宿的房間以及按摩服務。

還有淋浴間等設施可以使用。近年來還有更頂級的貴賓室專門提供給頭等艙及最高級常客會員，不僅能像餐廳那樣在餐飲室點餐享用美食，還可以到遊戲室或圖書室打發時間，可謂是奢華至極。國外部分機場甚至設有頭等艙專用航廈，會有豪華轎車到飛機旁接送旅客。

另一方面，機場自營或信用卡貴賓室不論搭乘何種艙等，只要持有符合條件的信用卡或直接付費皆可使用。雖然以前這些貴賓室提供的服務相對簡單，不過最近的服務與設施內容已逐漸跟航空公司貴賓室相去無幾。

免稅店

免稅店分為消費稅外也免除關稅、酒稅的「DUTY FREE」，以及只免除了消費稅的「TAX FREE」，國際機場出境區域的免稅店為前者。雖然可以便宜購買菸酒商品，但因為對象只限於出境者，所以不僅旅程中必須自行攜帶，入境其他國家或回國時若價格超過免稅範圍還會另外課稅。成田及羽田等機場設有回國時才可以進入的入境免稅店。

餐廳

在年齡、性別與國籍各異旅客來去交錯的機場，最多樣化的設施就是「美食景點」。除了速食店與家庭餐廳，還有各家日式與西式老店、名店以及當地平民美食，當然也還有泰式料理或咖哩專賣店等主題餐廳。此外，近年來也有愈來愈多餐廳開始販售伊斯蘭教的清真食品或提供素食主義者可以安心享用的餐點。

商場、餐廳

在機場購物、用餐度過開心舒適的一天！

欣賞飛機、讀書、享用茶點，每個人在機場都有自己打發時間的方式，不過若試著進入機場航廈逛逛，應該就會發現數不盡的各類商店、餐廳以及服務設施。

說到在國際機場內購物，各位應該多半會先想到「免稅店」。在完成出境審查後的機場免稅店裡不會課徵關稅或消費稅，因此酒類、香菸以及香水等商品可以低於日本國內的價格購買。至於用餐不論是在出境前還是出境後都有咖啡廳、餐廳及美食街，提供平易近人的速食餐飲、微高級的料理再到各國民族料理等等，有著多樣化的豐富餐點可以選擇。由於機場內的外國人相當多，有些店家也會專門提供宗教

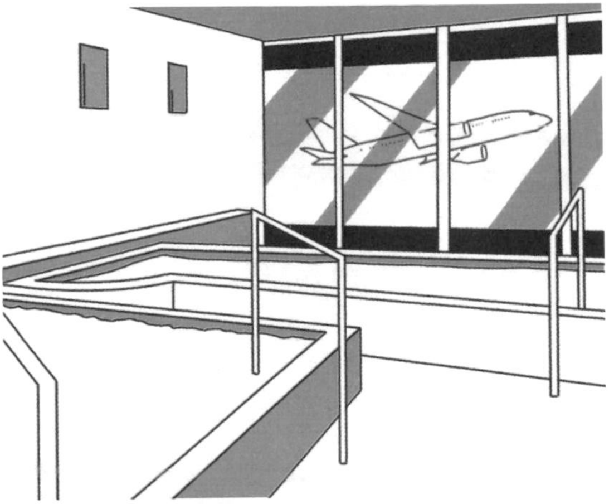

休憩設施

若想在出發前放鬆身心或回國後消除疲勞，按摩及美容沙龍就是旅客最好的去處。從能在短時間內紓壓的快速按摩以及正式的反射療法中心，部分機場內還開設有頭部按摩護理或美甲沙龍等店家。

娛樂設施

候機時間也是旅行的一部分，應該有許多人想趁這個時候體驗機場的各種娛樂設施。舉例來說，新千歲機場有電影院、羽田機場有星象儀、中部國際機場有主題公園和觀景浴場等等，每間機場都有自己精心設計的獨特景點。順帶一提，整合了天然溫泉、購物中心及飯店等服務的大型商業設施已在羽田機場盛大開幕。

餐或素食等特殊餐點，這也可以說是機場才能見到的光景。

再加上近年來每間機場都想推銷自己的特色，因此各類服務及娛樂相關設施也逐年增加。最有代表性的雖然多是休憩設施、按摩服務、膠囊旅館等等，不過像成田機場還有動畫主題複合式娛樂中心、羽田機場有婚宴會場、中部國際機場則附設沉浸式娛樂設施以及展示波音787飛行測試一號機的主題公園。若以日本國外為例，新加坡樟宜機場設有游泳池及電影院、荷蘭史基浦機場有國立博物館的分館、德國慕尼黑機場甚至有正統的啤酒廠等等，各地機場都有自己獨特又充滿魅力的有趣設施。

Column 2

報考第1屆招生考試的兩位少年

日本第一間飛行員培育學校位於羽田

在萊特兄弟完成人類史上首次飛行後的13年，日本也創立了第一間民間飛行員培育學校，全日本的「飛機男兒們」都聚集在此！

飛行員是男生最憧憬的職業，想取得執照卻是道窄門

雖然最近比較不那麼受歡迎了，但往年飛行員始終都是小學男生「夢想職業排行榜」中的前幾名。那麼到底該怎麼做才能成為飛行員呢？目前的日本提供了幾條管道。

第一種方法是大專或研究所碩士畢業後考取航空公司，在公司內接受機師培訓課程後取得執照。

第二種方法是進入「航空大學校」並於在學期間取得必要的資格及執照，再到航空公司應徵。

如果想成為航空公司機師以外的飛行員，那麼進入自衛隊成為軍機的飛行員也是一種方法。

飛行執照分為「民航運輸駕駛員」（航空公司客機的駕駛員）、「商用駕駛員」（可駕駛新聞媒體的航空器等等）、「自用駕駛員」3種，雖然這些執照在接受檢定時必要的飛行時數與年齡條件各不相同，但無論哪一種都相當困難，可說是窄門中的窄門。

日本第一間飛行員培育學校，漲潮時竟不能使用跑道？

一九〇三年，萊特兄弟成功完成世界上第一次動力飛行；6年後的一九〇九年（明治42），日野熊藏與德川好敏兩位大尉也成功完成日本的首次飛行。在此之後許多專業飛行員從國外湧入日本，他們的飛行表演總是吸引了無數圍觀人群。

在這波驟然捲起的飛機熱潮中，一九一六年（大正5），有「日本萊特兄弟」之稱的玉井清太郎、藤一郎兄弟檔和其友人相羽有，共同創辦了日本第一間民間飛行員培育學校「日本飛行學校」，位置就在東京府羽田穴守（現在的東京都大田區羽田）。他們將多摩川流進東京灣的三角洲灘塗當成飛機跑道，並將曾為空屋的礦泉旅館「要館」改造成校舍，由相羽擔任校長，玉井兄弟中的哥哥清太郎則擔任主任駕駛教官。

初期飛機只有1架雙翼機，為搭載美國卡梅倫製25馬力汽車用引擎的自製「玉井式2號機」，而且螺旋槳還是用鐵絲固定的，可謂是相當粗糙；灘塗上的跑道更是只有退

潮時能使用，漲潮時就必須中止訓練。這段故事看起來頗為荒唐，卻是真實的建校歷史。

因援助而成功考上的少年，與因近視被刷下的少年

「日本飛行學校」的第1屆應考生中，有位在日後創作電影《哥吉拉》及電視劇《超人力霸王》並受封「日本怪獸電影之父」美名的特效導演，大名鼎鼎的圓谷英二。

「小學三年級時對飛機有了興趣。乘坐自己製造的飛機環繞世界一圈，是我當時最大的夢想。」（引用自《圓谷英二的影像世界》）

為了實現夢想，15歲的少年英二不顧家人反對參加考試，結果順利考上。入學金600日圓是由叔叔一郎籌措而來，這在當年是足以建造2棟房屋的高額費用。

在這些應考生裡，還有另一位將在之後獲得芥川龍之介推薦，以《一千一秒物語》在文壇出道，並受到三島由紀夫大力稱讚「昭和文學中極少數可稱為天才之人」的新感覺派作家稻垣足穗，但近視嚴重的他最後卻未能如願考上。

相羽校長在一九一九年（大正8）於蒲田創辦日本第一間汽車駕訓班「日本汽車學校」，而放棄駕駛飛機的足穗便在此處考取了汽車駕照。足穗日後以自己的經歷撰寫了以日本航空黎明期為題材的《飛機男兒們》，也提及過比自己小一歲的圓谷英二。

「飛機男兒」兄弟檔留下的偉大遺產——羽田飛行場

圓谷英二入學後的隔年一九一七年（大正6）五月二十日，主任教官玉井清太郎駕駛著3人座雙翼機「玉井式3號機」，並邀請東京日日新聞（現每日新聞）的攝影師一同乘坐，從羽田進行公開飛行。然而就在東京上空盤旋3次完成飛行，正準備降落芝浦之際，飛機卻因為主翼遭受損傷而從高度50m處墜落，清太郎與攝影師雙雙喪生，此時年僅24歲。

清太郎壯志未酬便離世，弟弟玉井藤一郎隨後繼承兄長遺志，重新整頓被迫關閉的飛行員培育學校，在羽田創辦「日本飛機製作所附屬飛行學校」與練習場，成為了今日羽田機場的基礎，因此藤一郎又有「日本航空之父」的美譽。

圓谷英二在一九七〇年（昭和45）一月二十五日結束他68歲的人生，過世前仍掛念著他構思已久的電影企劃，那是從稻垣足穗的作品中獲得啟發的《日本飛機男兒》。一生喜愛飛機的圓谷在墓碑上這麼刻著：「朝著天空振翅飛翔」。

PART 2

登上飛機後

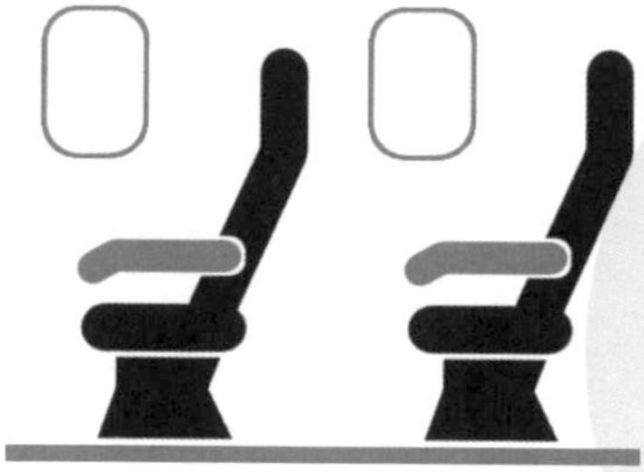

經濟艙

經濟艙最大的優點就是那親民的價格。座位小、設備簡陋早已是過去的事，現在透過座椅設計不僅提升舒適度，娛樂系統更是豐富多元。

→ P. 52

商務艙

商務艙可享受寬大的座椅空間與充實的機上服務。在長程航線中除了全平躺座椅，最近還新增了有著獨立私人空間的座椅類型。快來看看商務艙的進步與舒適性。

→ P. 54

空中旅行之所以在日本開始普及，最重要的原因之一是以「巨無霸客機」之名為人所知的波音747在一九七〇（昭和45）年開始服役所帶來的影響。在這之前的客機座位最多約為250席，但巨無霸登場後一口氣提升至450席以上，於是迎來了大量載客的時代，搭乘費用也因此得以降低。

另外，此前一般只將座位分為「頭等艙」與「經濟艙」2種艙等，但隨著巨無霸登場而新增的「商務艙」進一步細化了艙等分級，成為旅遊大眾化最重要的推手之一。

現代的座位分級愈來愈多樣了，例如有些航空公司推出配有起居室、寢室與淋浴間，服務比頭等艙更高級的艙等，但也有廉航公司為了實現便宜票價而將指

頭等艙

寬大的座椅是理所當然，豪華飛機餐與專用報到櫃台更是不可或缺。頭等艙提供媲美高級飯店的禮遇與多樣化的服務。

➡ P. 58

飛機餐

不少人在飛行中最期待的就是飛機餐。不妨透過本節了解艙等與航線是否會影響菜單與上餐方式，並掌握飛機餐的最新趨勢。

➡ P. 64

機內設備

科技不斷進步，客機不只飛行性能向上提升，機內設備也漸趨齊全。除了方便的設備外，也會一併介紹緊急時的安全裝置。

➡ P. 62

定座位、行李託運等服務全都付費化。

機內設備在引進最新科技與艙等分級擴大的影響下，與10年前相比早就不可同日而語。在國際線飛機上，有數百、數千頻道的機內娛樂系統如今已是理所當然的配置；以往許多航空公司對飛機餐的態度是只要能填飽肚子就好，但近年來無論什麼艙等，飛機餐都愈來愈精緻，並時常與知名主廚或餐廳進行聯名合作。為了讓空中旅行成為大家心中的深刻回憶，各家航空公司之間的競爭可說是相當激烈。

本章將介紹經濟艙、商務艙、頭等艙各自的特徵，並解說飛機餐、安全裝備等機內設備。

選擇「舒適」還是「價格」？可供選擇的飛機座位分級

客機與客輪、鐵路相同，座位也分成好幾個等級。雖然飛機正式提供載客服務的時間大約是第二次世界大戰前後的一九四〇～五〇年代，不過在當時仍是極為高價的交通工具，主流做法以今日來說就像只有頭等艙一個艙等。到了一九五〇年代中期，航空公司開始增加同一面積的座位數量並簡化服務項目，增設了票價更低的經濟艙。

到了以「巨無霸客機」之名為人所知的波音747推出的一九七〇年代，航空業終於迎來可以大量載客的時代，因此像這樣提供不同服務及座位空間的艙等設定便漸漸普及起來。然而於此同時，頭等艙與經濟艙之間的服務與票價差距也愈來

大型客機的座位配置範例

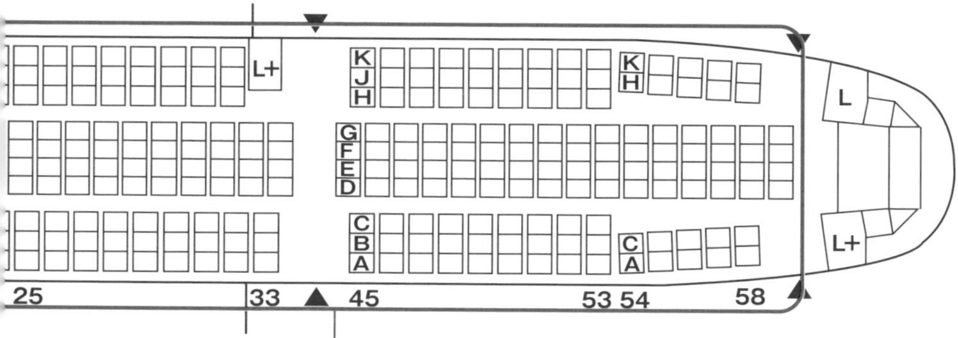

經濟艙

經濟艙最大的優點是票價平易近人。以飛行中、長距離的波音787來說，通常1個橫排會配置成2-4-2的8席或3-3-3的9席，更大型的777則一般配置成3-3-3的9席或3-4-3的10席。近年來也有許多航空公司加大座椅空間，新增所謂的豪華經濟艙。

愈大，於是航空公司又在兩種艙等之間新設了商務艙。

近年來有些航空公司還進一步新增比頭等艙更高級的艙等，或是在商務艙與經濟艙中間設立豪華經濟艙，使座位的分級愈來愈多樣化。

常見的國內線與蔚為話題的廉價航空是？

JAL或ANA等日本大型航空公司也會在國內線設定多種艙等。JAL分為「頭等艙」、「J等艙」和「普通座」等3種，而ANA則有「特等座」、「普通座」2種。至於這幾年透過運航效率化和服務簡單化實現低票價的LCC（廉價航空）也受到許多關注；廉航在日本不只飛國內線，也會飛亞洲地區等短、中程的航線。這些廉航公司的國際線為了增加座位數，座椅的配置和椅距多半比照大型航空公司的國內線。

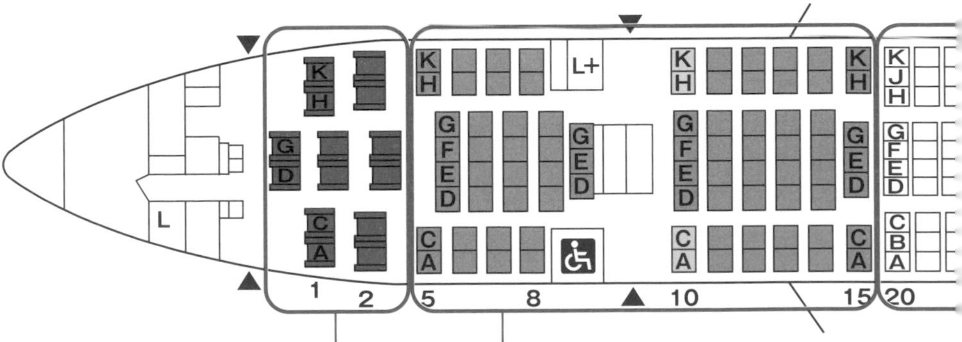

頭等艙

頭等艙通常是客機上最高級的艙等，最為人所知的特色是高品質服務與悠閒舒適的空間。波音777這種大型客機上每個座位都能獨立出自己的私人空間，多半採用1排4席的座位配置。順帶一提國外有些航空公司還會提供比頭等艙更高級的艙等，比如分別設置座椅與床的私人空間，甚至是有著起居室、寢室和淋浴間的個人房間等等。

商務艙

商務艙的艙等介於頭等艙與經濟艙之間。座位與經濟艙的橫向單排配置不同，採用每一排前後錯開的交錯式排列，或是座椅前後相對的對坐式排列。椅距雖然隨座位配置而定，但通常都充分寬敞，而且在中長程航線上一般也採用全平躺座椅。

經濟艙

設備與服務持續進步的經濟艙

說到國際線「經濟艙」最大的魅力，當然就是那親民的票價了；不過另一方面，以往經濟艙也給人座位空間狹小的印象。近年來隨著薄型座椅的普及，原本狹小的腳邊空間得以解放，舒適度大大提升。

大型航空公司的經濟艙基本規格一般是椅寬17～19英吋（43～48cm）、椅距31～34英吋（78～86cm）。如果是中長程國際線的話幾乎所有機型都已配備機上娛樂系統IFE（In-flight Entertainment System），可以在飛行中使用個人螢幕觀看電影、聽音樂、遊玩電子遊戲。近年來機上Wi-Fi、電源插座、USB充電孔等也成為標準配備，能讓乘客在飛行時用自己的筆電或手機連接網路。

要說到飛行中最令人在意的服務，應該就屬飛機餐了。日本的航空公司在長程航班的午餐與晚餐中多半可以選擇要吃日式還是西式餐點，不過有時也會透過旅客投票的方式設計菜單，或與著名餐廳進行

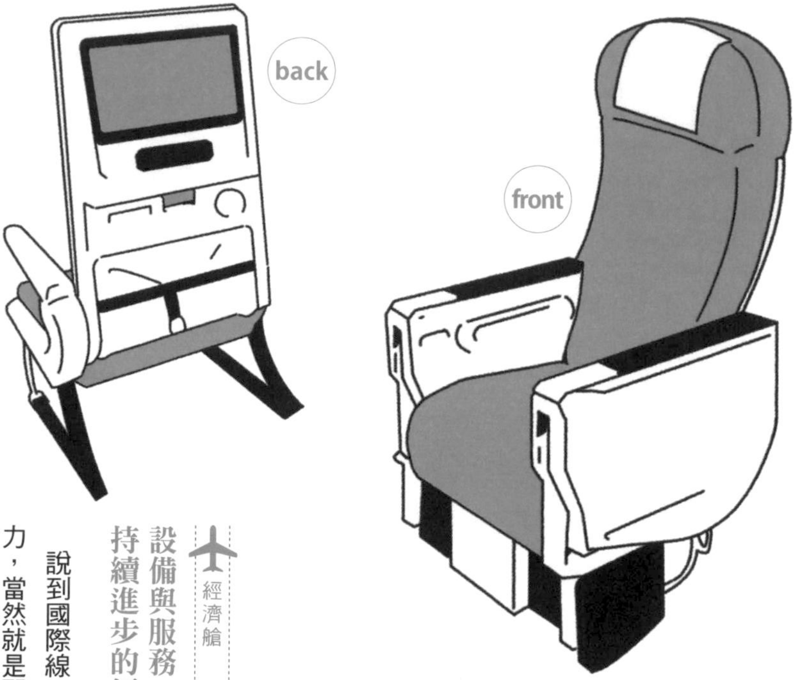

經濟艙座椅

近年來國內線經濟艙座椅已將個人螢幕、電源插座與USB充電孔當成標準配備。除此之外座椅也變得愈來愈薄，已不太會感覺雙腳沒有地方伸展。乘客可以利用IFE觀賞電影及電視節目，聆聽廣播或音樂，甚至還能遊玩電子遊戲。最新型的系統包含4500種以上的娛樂內容和機上Wi-Fi，還有高精確度的即時航班動態和艙外攝影觀景功能等等。

合作推出聯名料理，可說是愈來愈精緻了。

近年來不少航空公司在特定機型上推出能將3個座椅當成床使用的「COUCHii」座椅，或增設「豪華經濟艙」這種艙等來提供更寬敞的座椅空間以及更高級的飲品服務。

綜合以上所述，即使是經濟艙其設備與服務也在逐年進步，對乘客來說空中旅行也將變得愈來愈舒適、有趣。

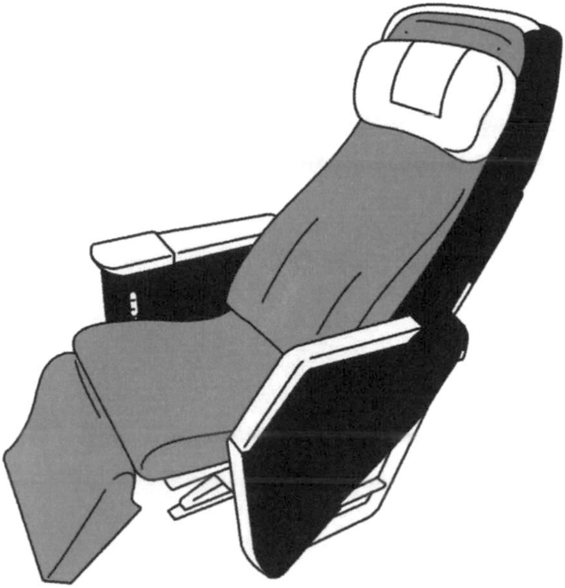

機上用品

經濟艙一般除了枕頭與毛毯的出借服務，還會提供眼罩與耳栓。豪華經濟艙或部分國外航空公司還會準備拖鞋、牙刷、保濕乳霜等生活用品。

豪華經濟艙座椅

豪華經濟艙的座椅空間比經濟艙寬敞一些。不只椅寬較大，椅距也來到38～42英吋（97～107㎝），並附上腿墊與杯架。飛機餐原則上比照經濟艙，但飲品與輕食的選擇會更為多樣。

考量過敏與宗教因素的飛機餐

若旅客帶著幼兒出門或是對特定食物過敏，那麼有可能無法享用一般的飛機餐。現在許多航空公司不僅提供兒童餐和避開過敏原的特殊餐，也能依照個人需求訂製素食餐與宗教餐。有些航空公司則可以透過另外付費的方式為乘客準備稍微豪華一點的餐點。除此之外，部分航空公司的豪華經濟艙會提供專用報到櫃台和貴賓室，能體驗更為周到的服務。

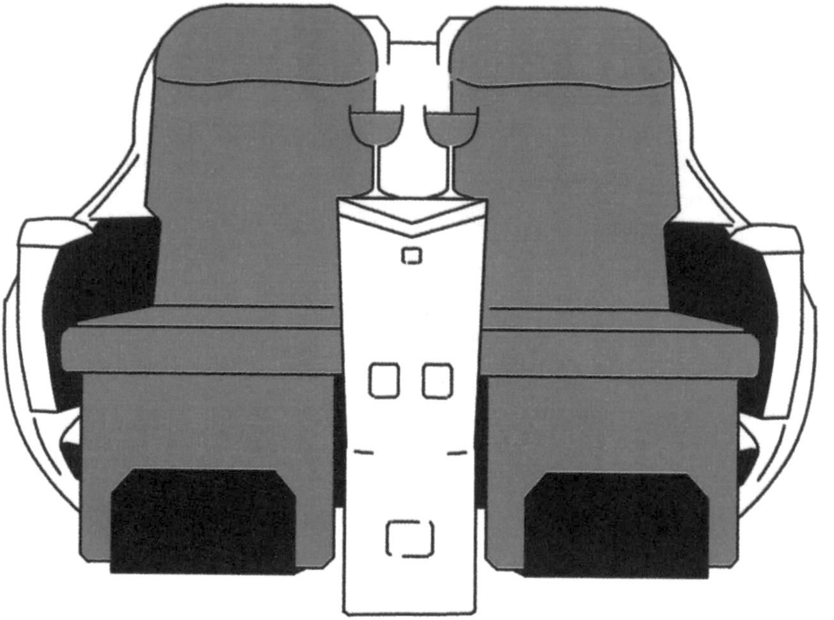

商務艙座椅

商務艙最明顯的特徵就是各家航空公司精心設計的座椅與排列方式。以活躍於各種航線的波音787為例，短中程採用一排6席的2-2-2配置，座椅則是一般的斜躺座椅或平躺座椅，不過若為長程航線則採用反魚骨排列或交錯式排列，並且使用全平躺座椅。

航空公司競爭激烈的商務艙有著舒適的座椅和服務

每間航空公司都想透過座椅的舒適性和機上服務來爭奪「商務艙」的市場。商務艙是在一九七〇年代後半到八〇年代由大型航空公司引進的艙等，自普及以來便以比經濟艙寬大的座位空間和豪華飛機餐為主要賣點。九〇年代後憑藉全球景氣升騰和高收益性，航空公司開始傾注心力，務求提升商務艙的服務品質。

直到二〇〇〇年代初期，中長程航線的大型客機主流仍採用一排2-2-2席的座位配置，不過隨著Full-Flat座椅的普及，乘客想就寢時能隨時將椅子放倒當成床，為此航空公司也跟著配合採用了新式的座位配置。目前最常見的配置有座

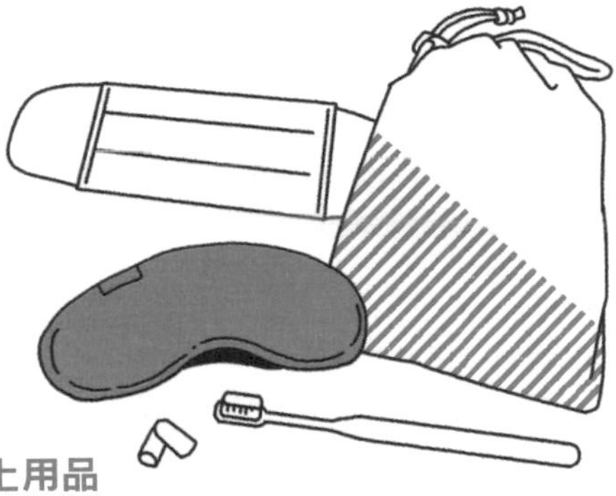

服務

可以享受專用報到櫃台、出入境優先通道和貴賓室等服務，另外還有優先登機、下機與行李提領的權利。有些航空公司也會準備其他附加服務，比如免費使用機上Wi-Fi等等。

機上用品

拖鞋、眼罩、保濕乳霜等生活用品會裝在收納包中分發給乘客，即使在飛機上也能過得相當舒適。除了提供降噪耳機，許多航空公司在乘客就寢時也有床墊等寢具組的出借服務。部分公司甚至會在化妝室裡為乘客準備護膚用品。

椅與走道呈斜角的「反魚骨排列」以及前後排座椅會左右錯開的「交錯式排列」，另外還有一種前後排座椅相對而坐的對坐式排列。以上不論哪一種座位配置都有考量到前往走道的方便性與空間效率，而且近年還新增許多附有獨立小門與隔板的座位，進一步加強了個人空間感和隱密性。

商務艙的座位空間相當充足，因此每個座位都配有許多收納空間放置行李和隨身物品。除此之外IFE系統也採用更大的螢幕，尺寸來到16～24英吋。

當然機上服務也絕不馬虎。除了午、晚餐提供由高級食材製作而成的套餐料理外，還有與著名餐廳合作推出的聯名菜單，以及嘴饞時也能隨時單點的輕食；就寢時可以借用床墊或寢具，並會為乘客準備包含牙刷及保濕乳霜等生活用品的過夜包，服務可說是無微不至、十分周到。

享用精緻的各式和洋套餐

由日本起飛的長程航線若是在白天出發，那麼一般會提供午餐、晚餐以及輕食，深夜航班則多半提供輕食與早餐的組合。餐點通常準備日式、西式等2至3種套餐，並能從幾個選項中自行選擇想要的主餐，菜色頗為精緻。另外還能在任何時間單點三明治、麵類、點心等各類輕食，有時機上也會附設可隨時取用飲料與點心的吧檯。

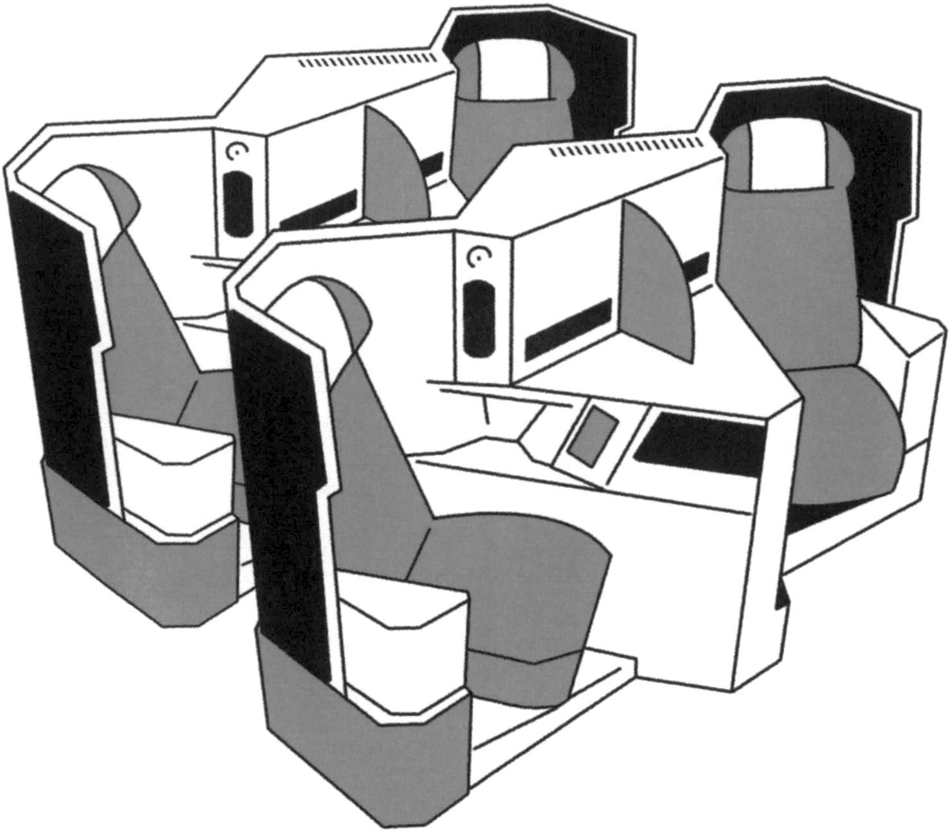

反魚骨排列

英文稱為「Herringbone」，意思是「鯡魚骨頭」。座椅呈V字形排列並斜著面對走道，此配置能保留更多腳部空間。

座椅配置範例

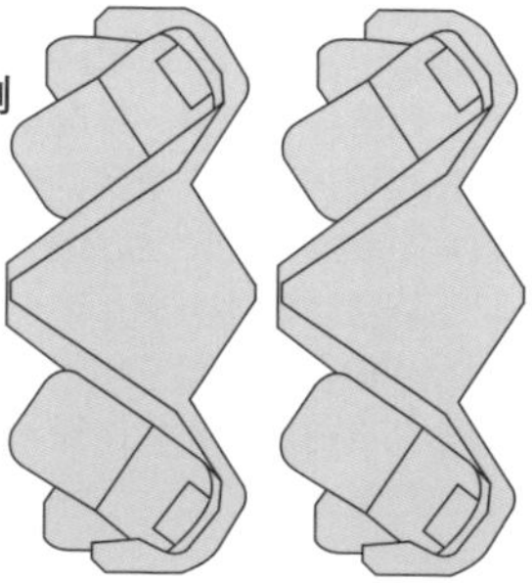

交錯式排列

英文稱為「Staggered」，意思是「交錯紋路」。前後排左右相反的座椅配置讓乘客不論坐在哪都可以直接走出走道，也能充分活用飛機內有限的空間。

座椅配置範例

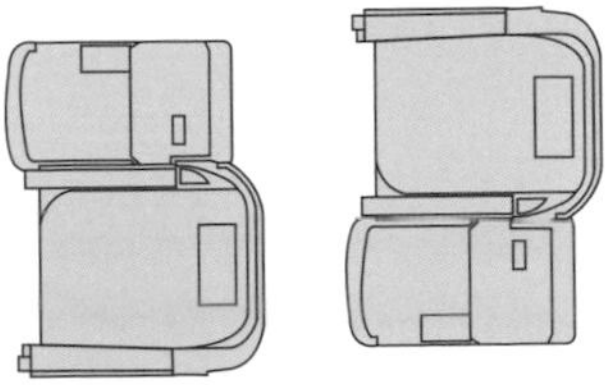

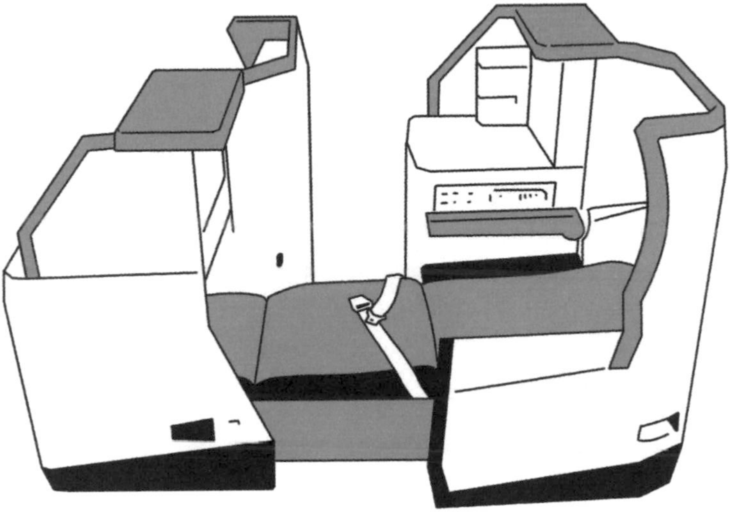

對坐式排列

座椅前後相對並能與左右座連成一組的配置形式。透過配置與機首方向相反的座位，不僅確保較寬大的腳部空間，也更便於置入全平躺座椅。

座椅配置範例

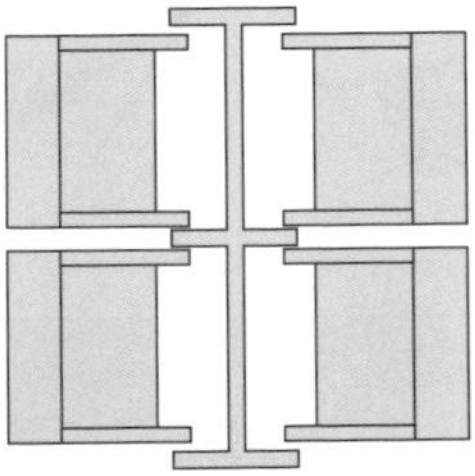

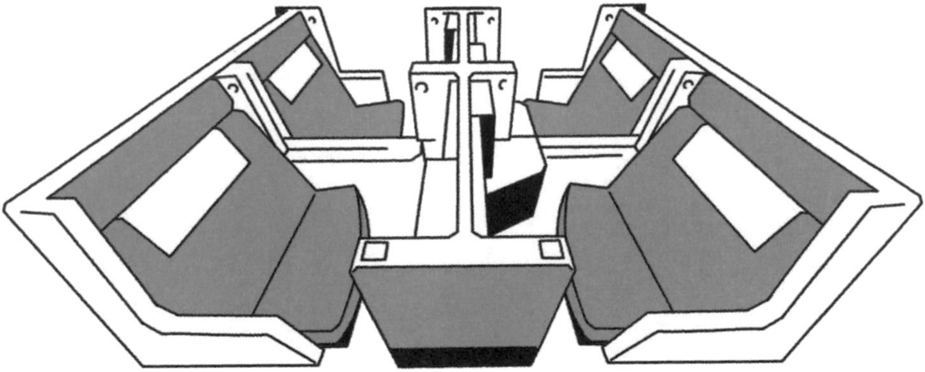

頭等艙

這幾年的頭等艙主流是附有寬大全平躺座椅的套房型座位，不同座位以隔板隔開，並增設房門來保護私人空間。大型客機上還有各種豪華設備，例如超大螢幕、寬大的桌子或是衣櫥等等。有些海外航空公司還推出座椅和床分開，且空間完全獨立的個人房。

頭等艙

航空公司推出最頂級的艙等，具有寬敞的空間與貼心服務

如果是喜愛搭飛機的人，想必一生都想搭乘一次「頭等艙」吧。寬敞的空間和高品質的款待可以說象徵著航空公司所能給予最頂級的服務，同時也是其品牌形象。

頭等艙通常設置在機身最前方，也是最為人所知的特徵，這麼做是因為機身前方便於乘客進出，也最不會受到飛行中的噪音和晃動影響。為了確保寬廣的空間，頭等艙一般採用1-2-1的座位配置，座椅也是大型的全平躺座椅。IFE系統的螢幕又比商務艙更大，尺寸為20～40英吋，而且還有衣櫥等多樣的收納空間。最近為了保障個人隱私，許多公司也開始積極採用附房門的套房型座位。

頭等艙
就連飛機餐也非常豪華！

頭等艙的飛機餐大量使用高級食材，品質相當於高級餐廳或料亭。餐點可以配合乘客喜好調整，不僅準備了2、3種日式或西式料理套餐，前菜或主餐也有豐富多樣的選擇可以搭配。某些航空公司也會在頭等艙內設置吧檯或休閒空間。

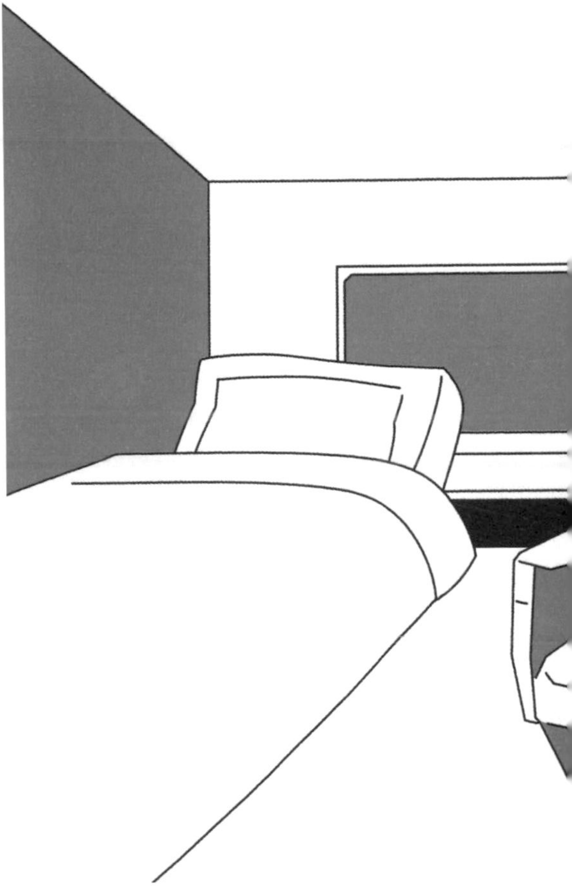

機上用品

保濕用品、美容液、香水等各類生活用品都會與經典名牌合作，並放入經專業設計的品牌獨家收納包或收納盒中。頭等艙除了羽絨被等寢具，也提供機上專用衣物的出借服務，讓乘客能在就寢時更為舒適放鬆。在超大型客機中可能還設有寬敞的化妝室和淋浴間。

此外，也有一部分航空公司增設比頭等艙更高級的艙等，其中包含附座椅跟床的大型獨立房間，配有起居室跟寢室，有的房間甚至還設有個人淋浴間。

飛機餐更可說是奢侈至極，豪華食材跟頂尖主廚設計的菜單都不在話下；以日本國內航空公司為例，除了西式與日式料理的全餐外，也能隨時享用較為簡單的套餐或是單點的輕食。當然，飲品中也包含精選的葡萄酒與香檳。

頭等艙通常還提供專用報到櫃台、貴賓室和機場接送服務。不只是在飛機上或機場，從家裡出發到抵達目的地這段期間，都能受到頭等艙各式各樣的禮遇和服務。

可以享受
如同貴賓待遇的頭等艙服務

吧檯空間

有些機型會設置頭等艙專用的吧檯，能在這裡優雅地品嚐葡萄酒或雞尾酒。

飛機餐

在頭等艙不論是正餐還是深夜想吃個小點心，都能在自己喜歡的時間隨時享用優質料理。

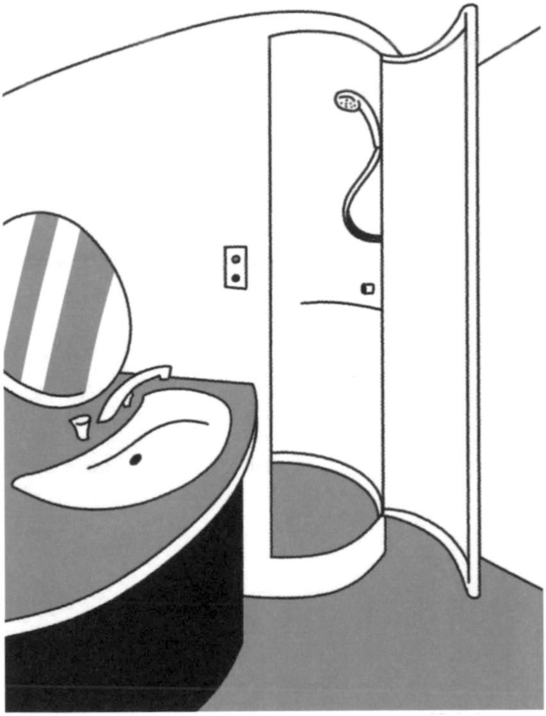

淋浴間

淋浴間讓乘客即使在飛機上也能沖澡保持一身清爽，還可以使用高級名牌的衛浴用品套組。

接送服務

航空公司會為頭等艙乘客提供專用航廈或報到櫃台，甚至有從自家到機場的接送服務。不只可以使用頭等艙貴賓室，也能優先登機、下機與提領行李。

機上廚房

飛機餐的加熱、盛盤與飲料的調製都會在機上廚房完成。長程的大型客機會在機身前後數個位置設置廚房，並在具有保冷功能的餐車中保存約1000人份的飛機餐。廚房本身也有冷藏裝置。廚房裡另外還有蒸氣烤箱、微波爐、咖啡機等設備。

更舒適、更方便好用的機內設備

機艙內的各種設備經過不斷的改良，實用性和舒適性都有了驚人的提升。

舉例來說，日本國內的航空公司為長時間飛行不可或缺的廁所增設了溫水洗淨便座，並追加尿布台或適用於輪椅的廁所。此外，像波音787或空中巴士Ａ350ＸＷＢ由於機身使用大量堅固輕盈的碳纖維材料，因此客艙的窗戶比過去更大，更容易看到窗外景色。機上照明設備也全面改用ＬＥＤ，不只能調整亮度，還能根據當下情況調整色調。

客艙服務員主要工作地點的機上廚房（Galley）也增加許多值得注目的新功能。若為長程國際線，機上廚房可以載運約１０００人份的

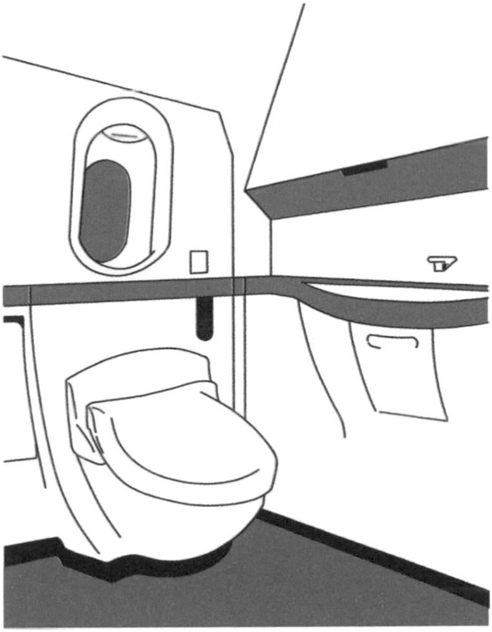

廁所

日本的航空公司正積極引進溫水洗淨便座，也有許多機型新增了尿布台或能夠推入輪椅的無障礙廁所。不少航空公司也推出了包含洗臉盆和座椅等設備的多功能廁所。

機內照明

以往採用日光燈或白熾燈的機內照明也急遽全面換成LED燈。不僅有減少電力消耗、使用壽命長的優點，彩色LED燈也能照出各種符合情境的顏色；只要調整燈光的色彩，就能在機艙內做出彩虹光之類的特殊效果。

緊急出口

若客機發生意外事故，有90秒內必須將乘客疏散完畢的準則，為此除了上機的艙門外，還會依照座位數設置緊急出口。緊急出口會裝設緊急情況發生後能自動充氣攤開的逃生滑梯，其中也有部分緊急出口的滑梯可以當作救生艇使用。

安全裝置

客機內配備有多種安全裝置。平時可以發現天花板等處設置的緊急出口指示牌或座椅下方的逃生方向走道指示燈等等，且座椅下方還擺放著救生衣，座位上方則有氧氣面罩。另外機上還有供空服員和醫療人員使用的急救包與AED等醫療設備。

飛機餐，而且為了裝貨與保存方便，製作飛機餐的空中廚房會將飛機餐裝在專門的餐車上，直接以冷藏狀態送上飛機，因此主餐等溫熱的餐點會先在機上用蒸氣烤箱加熱過之後再提供給乘客。機上廚房同時也備有咖啡機以及微波爐等其他設備。

而在機內設備中，最不該忘記的就是各種安全裝置。救生衣、氧氣面罩、艙門內建的逃生滑梯，這些救生裝備的操作方式在起飛時的安全宣導影片或空服員的實際示範中都會教導給乘客。除此之外，機上還有供受過專業訓練的空服員和醫療人員使用的氧氣瓶、醫藥箱、急救包、AED等醫療設備。

飛機餐
以西餐為例

頭等艙

以全餐方式提供媲美高級餐廳和料亭的奢侈料理。食材經過精挑細選，也會大量用上魚子醬、松露、肥肝等珍貴食材。近年來也增加許多與名廚合作推出的新菜色。

不同艙等的飛機餐

日式、西式、飲品……不同艙等的飛機餐

飛行中最令人期待的服務莫過於「飛機餐」了。飛機餐的內容隨航空公司、航線、搭乘的艙等而有所不同。

飛機餐的餐數以日本起飛的國內大型航空公司為例，通常前往北美或歐洲等超過10小時的航線為2餐，東南亞或夏威夷等中程航線為1餐加上點心，亞洲鄰國的短程航線則為1餐。

而在長程航班的頭等艙和商務艙中，會先提供日式與西式的全餐，並在抵達目的地前提供較為簡單的套餐或單點料理。至於經濟艙，在起飛後也會提供1個托盤的日式或西式餐點，抵達前則為乘客準備輕食或水果。深夜航班多半採用起飛

商務艙

在長程航線裡會提供不遜於頭等艙的全餐菜單。商務艙也同樣新增許多與名廚合作的菜色，簡直就像飛機上的高級餐廳。第2餐或輕食為套餐，也能單點拉麵、三明治等等。

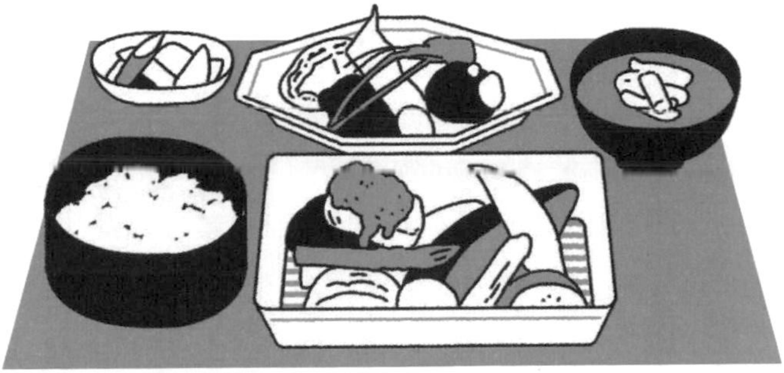

以日式料理為例

經濟艙

經濟艙的飛機餐通常是在一個托盤上擺放前菜、主餐和甜點。近年來品質不斷提升，各家航空公司除了跟主廚合作，也會透過人氣投票決定菜單，盡可能推銷出自家的特色。部分航空公司也可以讓乘客以另外付費的方式享用更高艙等的餐點。

飲品

頭等艙為乘客準備了「沙龍」或「庫克」等頂級香檳，還有精選的葡萄酒或日本酒等等。經濟艙除了氣泡酒等酒精飲料，還有果汁、咖啡、湯品等多樣的飲品選擇。

可以安心享用的特殊飛機餐

若是對特定食物過敏或是在宗教上有所限制，也有許多符合特定需求的特殊飛機餐可供選擇，另外現在也有愈來愈多航空公司提供嬰兒餐或兒童餐等專為小朋友設計的餐點，不過這些特殊飛機餐都必須事前進行申請。

後提供輕食與點心，抵達前提供套餐的供餐方式。近年來眾多航空公司的飛機餐不僅會提供宗教餐或避開過敏原的餐點，經濟艙乘客也能透過另外付費的方式享用更高艙等的餐點。

不只是美味，還為衛生安全做好把關

以國際線來說除了極短程的航班或廉航外，每個航班都有提供飛機餐。由於成田機場每天約有230班、羽田機場每天約有120班國際航班起飛，因此需要製作的飛機餐數量也相當驚人。

飛機餐是由鄰近機場及機場內的航空公司相關餐飲業者，或是專門提供飛機餐的空中廚房所製作。在空廚內不僅追求美味，從運入食材、烹調、運出餐點等一系列流程也都有嚴格把關，務求最高品質的衛生管理。之所以如此嚴格，也是因為長程航班上提供第2餐的時間多已經是起飛10小時之後的事，必須管控衛生環境才能防止細菌滋生。

在配合起飛時間完成烹調後餐點會急速冷凍，並裝進專門搭載至飛機上

金屬探測器

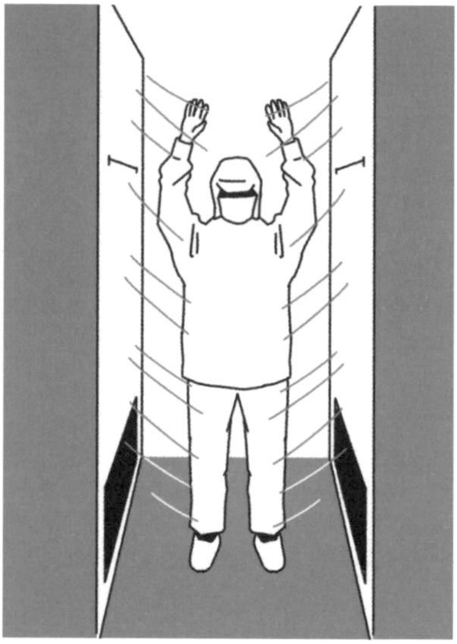

空氣浴塵室

中央空廚

為避免時間損耗，製作飛機餐的中央空廚通常就位於機場的附近。空廚會配合航班用冷藏食勤車運送餐點，因此可以看到廠區外有多個供食勤車載貨使用的運輸口。廚房內會進行嚴格衛生管理，進入廚房前必須洗手、消毒、穿著無塵衣並進入空氣浴塵室澈底清除髒汙。運入的食材、烹調器具以及完成後的料理也會在嚴格管控下以金屬檢測器或X光檢查是否有汙染。

的特殊餐車中，在此期間內所有步驟都有嚴格的溫度管控。隨後飛機餐會先裝載至具有製冷功能的冷藏食勤車上再送入飛機，整個過程中餐車也都會牢牢鎖住以免搬運途中混入髒汙、異物。順帶一提，長程航班每架班機的飛機餐載運量約為500人份，需用到2台冷藏食勤車來運送。

此外由於飛機餐會定期更換菜單，且不同航線跟艙等的內容也有所差異，所以對航空公司而言開發菜單這件事可謂是煞費苦心。舉例來說蔬菜有時令之分，有時候很難確保足夠的原料來製作餐點，因此據說每期菜單會依照當下原物料的供應狀況與品質，早在實際供餐的前1年便開始設計了。除此之外，高級艙等的餐點可能需要在機上廚房擺盤或追加最後的烹調步驟，所以也會參考空服員的意見來調整。

專門廚房

廚房會依照烹調過程或製作的料理劃分成數個區域。食材的事前準備會在稱為冷食廚房或備料區的地方進行處理，接著在進入正式烹調前還會先分送到日式料理或西餐等不同的專門區域才進行烹調，多數空廚也都有專門製作麵包與特殊飛機餐的區域。完成後的料理會透過急速冷凍機冷卻到接近0℃，防止細菌滋生。

飛機餐餐車

完成處理的飛機餐會先裝進專供機上使用的餐車裡，並在食勤車出發前保存在巨大的冷藏區域。裝餐時也會一併裝入刀叉等餐具，並將餐車鎖起來以避免混進異物。送到飛機上的飛機餐通常使用蒸氣烤箱加熱，不過也有部分是放在可加熱的托盤上，並直接利用餐車加熱。

護送旅客度過舒適的空中旅行

機師的工作

不只在飛行中，即使在地面上也無法從外面看到駕駛艙內的情況，將乘客帶往目的地的機師究竟是什麼樣的工作呢？

為了保護客機安全，角色分配極為重要

縱然大家都知道機師是駕駛客機的職業，但考量到保安層面，通常沒有乘客能看見機師工作的模樣。現代的客機經過高度電子化、自動化，機師在飛行中已不需要忙碌地操作各種儀表按鈕或操縱桿。那麼，機師在駕駛艙內到底是在做什麼呢？

首先，客機通常由2名機師共同駕駛，一名為機長而另一名為副機長。機長承擔所有關於駕駛的責任，但無法專斷獨行，現代更重視組員間的團隊合作。

在駕駛艙內，其中一名機師會擔任PF（Pilot Flying）負責駕駛飛機，另一名會擔任PM（Pilot Monitoring）除了駕駛以外還負責與塔台之間的通訊等各種工作。雖然多數時候由機長擔任PF，但為了讓副機長累積經驗，有時也會指定副機長擔任PF。另一方面為避免操作上的混亂，2名機師不會負責相同工作，即使2人都擁有擔任機長的資格，也只有其中一人有指揮權。

國際線機師的執勤範例

第1天	15：30	前往成田機場　進行酒測、確認天氣狀況與飛行計畫
	16：30	移動到飛機　機外檢查、設定電腦
	16：45	與機組人員開簡報會議
	17：30	出發
		飛行時間約12小時
	16：00（當地時間）	抵達紐約
第2天		在當地休養一整天
第3天	14：00	前往當地機場　進行酒測、確認天氣狀況與飛行計畫
	15：00	移動到飛機　機外檢查、設定電腦
	15：15	與機組人員開簡報會議
	16：00	出發
		飛行時間約14小時
第4天	20：00	抵達成田機場
	21：00	進行任務匯報，完成一次飛行任務

國際線機師的隨身必需品

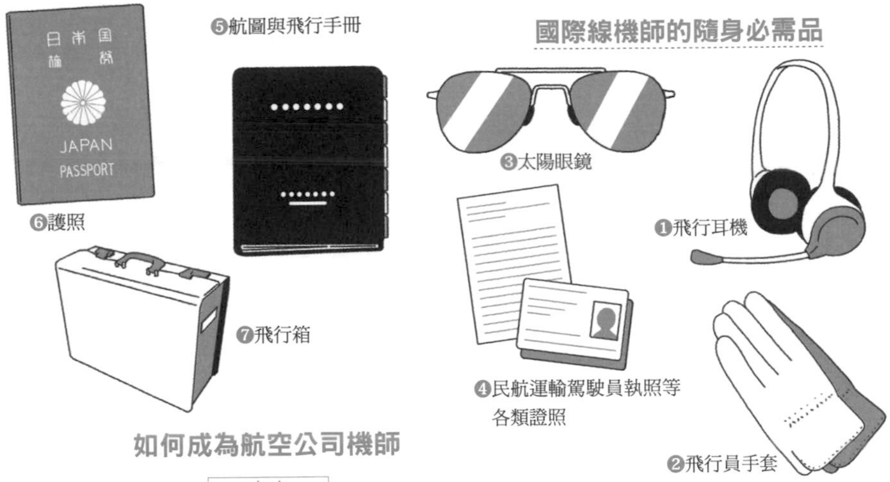

如何成為航空公司機師

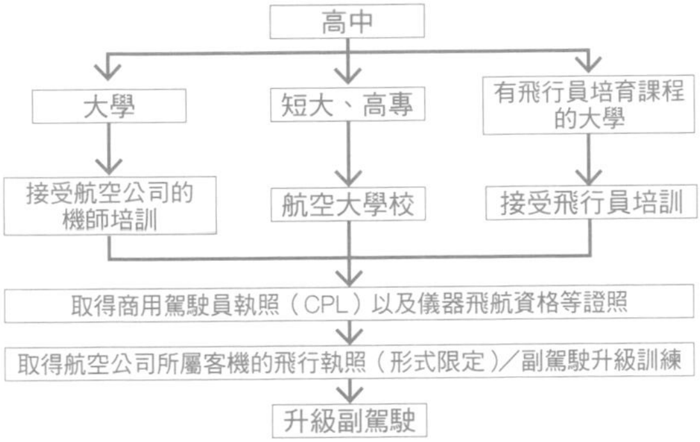

※在2013年新增了一種稱為多組員飛機駕駛員的執照（Multi-crew Pilot License，MPL），取得後可執行航空公司副駕駛的勤務。此外為了培育多組員飛機駕駛員，大型航空公司皆在自己的機師培訓課程中加入MPL的訓練項目，將原本需要約36個月的培訓期間大幅縮短成半年左右。

了解最新科技系統，能做到舒適有效率的飛行

機師實際的工作從起飛的數小時前就開始了。由於飛機受到天氣狀況與機身重量很大的影響，機師前往公司後會先確認天氣，並檢視航空簽派員製作的飛行計畫，認可後便正式開始飛行工作。

移動至飛機後除了機外檢查，也要對電腦（飛航管理系統）輸入飛行路線等各種資訊，如此一來便能透過自動駕駛讓飛機以幾乎全自動的方式飛往目的地，並在完成準備後正式出發。雖然起飛由機師進行，不過飛機離開地面數十公尺時便會啟動自動駕駛。這麼說來之後就交由飛機自己……可惜的是自動駕駛並不如大家想的那樣強大，實際上機師在飛行中要做的調整非常多，除了必須緊盯系統儀表並監測雷達，有時還需要避開積雨雲，並在判讀飛行路線當下狀態的同時移動到燃料消耗最佳的飛行高度。不過在機場設備妥善與天氣狀況良好的時候，的確可以視情況讓飛機執行自動著陸。

冷靜與笑容兼具

空服員的工作

在客機上，航空公司的「空中服務員」會負責提供乘客各種協助。維護飛行安全、提供舒適服務的空服員究竟有哪些工作呢？

總是陪伴乘客、協助飛行的存在

只要搭上飛機，任何人都一定會受到空服員的照料。雖然在日本通常稱為ＣＡ（Cabin Attendant）或ＦＡ（Flight Attendant），不過海外多稱為Cabin Crew。

說到空服員，乘客最常接觸到的是登機時的座位指示，或是飛行中提供飲料或飛機餐的服務，但這其實只是空服員工作的一部分。

空服員兼有「服務人員」和「保全人員」2個身分，提供或販售飲料、清潔化妝室等工作屬於前者。部分航空公司還會要求空服員學習手語或是酒類相關知識，並請考取證照者活用其知識提供服務，可以說空服員是與乘客溝通不可或缺的重要角色。

另一方面作為一名保全，空服員也必須在緊急情況發生時守護乘客安全；不只有打開緊急出口或逃生時的避難指示，起飛前的安全宣講示範或是飛機起降時的安全帶檢查等等，機上與飛航安全有關的工作也都是空服員的職責。雖說工作沒有高低之分，不過守護乘客安全其實才是客機上需要配有空服員最重要的理由，為此空服員也必須定期接受嚴格的飛安訓練。

國內線空服員的執勤範例

07：00……上班　確認所搭乘航班的售票狀況和飛行路線等等
07：45……簡報會議　與一同搭乘的機組人員確認聯絡事項或服務內容
08：10……移動至飛機　在機內做好準備並協助旅客登機
09：00……出發前往最初的目的地
10：15……抵達
11：15……出發前往下一個目的地
12：30……到着
13：30……出發前往當天最後一個目的地
15：00……抵達
15：30……匯報當天工作結果完成飛行任務　前往當地旅宿

與空服員有關的準則與公司規定

在乘坐許多旅客的客機上，考量到緊急逃生等安全顧慮，基本上會根據各國法規決定上機的空服員人數，通常為每50名乘客配有1名空服員。另外，雖然空服員人數可能會因為機型的艙門數量或飛行時間等因素而有所變動，但整體來說飛行時間長的國際線會增派較多的人手。舉例來說，最多乘載160人左右的波音737會有4名空服員，乘載400人左右的國內線波音777有8～10名空服員；然而飛國際線的波音777則是250名乘客配12名左右的空服員。如果是小型的螺旋槳飛機，有時也會配有1名空服員，不過在日本若飛機乘載人數為19人以下，那麼沒有空服員也沒關係。

想成為空服員並不像機師那樣需要國家證照，因此求職管道便是報考航空公司並接受專業培訓。順帶一提，日本的航空公司通常要求大專、短大或航空專門學校畢業，但其中最重要的是流利的英語能力。除此之外，空服員也必須經過公司內部的考核與測試並取得資格，才能夠到特定的機型、航線或客艙等級服務。

當空服員具備了一定程度的經驗並擁有相關資格後，便可以升任座艙長或事務長成為航班的空服員負責人。

空服員的角色

●服務工作

提供飲料、飛機餐與報紙等等
清潔化妝室或機艙內部
在機上販售免稅品等等
機上廣播

●保全工作

管控艙門與緊急出口
緊急設備的使用指示
起降時的安全確認
機上廣播

如何成為空服員？錄取後的升遷管道呢？

高中
→ 大學 ／ 短大、高專

航空公司多會要求TOEIC 600分以上的英語能力。過去絕大多數為女性，不過現在也有許多男性空服員。

錄取航空公司

初期訓練

錄取後接受2個月左右的初期訓練取得所需的內部證明，並實際前往機上進行OJT。

國內線

學習空服員基本業務。

國際線經濟艙、商務艙

從經濟艙起步並晉升至商務艙。必須具備能與外國乘客或一同搭乘的國外部門空服員進行會話的英語能力。

國際線頭等艙

隨個人資格及經歷，可能成為國內線客艙負責人或國際線經濟艙、商務艙負責人。不論職業經歷與職位如何，每位空服員都必須定期接受訓練。

座艙長

國內、國際線的客艙負責人。

Column 3

乘載政府要人飛往世界各地

「空中官邸」！政府專用機的祕密

乘載皇室及政府前往國外訪問的日本政府專用機有什麼祕密嗎？世界最著名的政府專機「空軍一號」又有什麼不為人知的插曲呢？

退役後才首度公開的初代政府專用機內部格局

以天皇陛下為首的皇室成員前往國外訪問，或總理出席國際會議時，我們都能在新聞上看到用於海外飛行的政府專用機，但其實專機內部因警備上的理由，在此前從未向一般大眾公開詳細結構。

二〇一九年（平成31）四月，初代政府專用機波音747-400退役，取而代之的是更省油、最大航程更遠且顧及環保的波音777-300ER，成為第二代政府專用機，退役的初代政府專用機則隨之首次向媒體公開了貴賓室或駕駛艙等內部格局。

2樓最前方的駕駛艙裡有正副2名駕駛的駕駛席，以及管理飛行路線和行程等飛行計畫的領航員席，其後方有後備駕駛及乘務人員等自衛官坐鎮的25個座位。能夠在駕駛艙操縱的設備裡，與民航機唯一不同的是搭載了能夠快速識別敵機，避免友軍互相開火的敵我辨識系統「IFF」。

1樓最前方的貴賓室大小約為33㎡（約12坪），正前方設有大型螢幕、飛行中不論在何處皆能通話的衛星電話、寬敞的辦公桌，還有開會用的會議桌與沙發。最後還有床、淋浴間、化妝室等私人空間，裝潢幾乎等同飯店的客房。

貴賓室後方有夫人室、祕書官室（11席）以及配備傳真機等文書機器的事務室，接著還有供外務省隨行官員使用的隨行員室（21席，商務艙）。最後方則有一同前往國外訪問的記者、攝影師們使用的一般客艙（89席，豪華經濟艙），可以在此設置記者會所需的桌椅。

一九九二年（平成4）配備的2架初代政府專用機「Japanese Air Force 001（飛機編號20-1101）」和「002（飛機編號20-1102）」在順利完成27年的任務後光榮退役，將其機上的部分設備展示於鄰近航空自衛隊濱松基地的濱松廣報館，另一架的貴賓室則展示於石川縣小松市的縣立航空廣場。

世界最家喻戶曉的政府專機「空軍一號」

在全世界的重要人物中，最早登上專機的是美國第32任總統富蘭克林・D・羅斯福。美國特勤局「USSS」親自參與設計的專機上除了無線電話和寢室，為了罹患脊髓灰質炎而只能乘坐輪椅的羅斯福總統，還裝備了可以開關門的電梯。機型採用配備4座往復式引擎、與大型客機道格拉斯DC-4為同型的陸軍航空隊運輸機道格拉斯C-54。一九四五年二月，以「Sacred Cow聖牛」的綽號被人稱呼的總統專機，載著羅斯福總統前往參加在蘇聯克里米亞自治區所舉行的「雅爾達會議」。

美國總統專機以「Air Force One空軍一號」的無線電台呼號來稱呼，是從第34任總統德懷特・D・艾森豪開始。當年採用的機型為4往復式引擎客機洛克希德星座L-749的軍用機版本VC-121。

美國總統專機「空軍一號」的存在之所以廣為世界所知，要追溯到那場美國總統約翰・F・甘迺迪的遇刺案。一九六三年（昭和38）十一月二十二日，甘迺迪總統在德克薩斯州達拉斯的遊行中遭到槍擊身亡，副總統林登・詹森隨即繼任成為第36任美國總統。而詹森副總統此時便從達拉斯愛田機場與遺孀賈桂琳・甘迺迪夫人一同搭乘總統專機緊急回到華盛頓特區的白宮，並在機上宣誓就任。

現在的美國總統專機是VC-25，為電影《空軍一號》（一九九七年〔平成9〕上映，導演為沃夫岡・彼得森，主演為哈里遜・福特）中登場的波音747-200B衍伸型號。

由於電影拍攝時「空軍一號」的內部格局尚未公開，因此主演哈里遜・福特在比爾・柯林頓總統的慶生宴上親自向關係良好的總統交涉，最終獲得取材許可，但因為機內禁止攝影，所以劇組人員只能記下機內的布局，然後重新製作布景來拍攝。

順帶一提，真正的「空軍一號」上並未裝備電影內哈里遜・福特假裝用來逃脫的緊急逃生艙。

PART 3

飛機降落後

PART 3
INDEX

入境審查

進入外國後的第一道關卡就是入境審查。因為每個國家或機場的手續略有不同，最好事前確認流程及可能被詢問的問題。

➡ P. 78

海關

海關檢查與入境審查相同，各國流程與應對方式也有許多差異。申報單該寫上什麼，通過海關時又該注意些什麼呢？

➡ P. 82

行李提領處

可以提領在出發地託運的行李，不過在巨大的機場中想找到所搭航班的輸送帶頗為辛苦。本節將一併介紹提領時可能發生的意外與應對方式。

➡ P. 80

前往海外旅行時比起出發，抵達當地機場時應該會更緊張才是。飛機降落後接連有「入境審查」、「行李提領」、「海關檢查」等層層關卡需要通過。

尤其在入境審查的環節，在陌生的外地肯定會有許多人感到不安，諸如「他們會問什麼」、「我是否能好好回答」、「是否會引起麻煩」等都是常見的問題。這幾年雖然有很多國家只要是短期旅遊就無需簽證，但像美國或加拿大等國家仍需要事前申請電子旅遊許可證。

另外雖然也有一些機場可以利用個人資訊裝置進行入境審查，但方便歸方便，第一次使用可能也會因為對機器與陌生手續而感到困擾。雖說購買機票時應該沒有人從不確認這類旅遊相關資訊，但預習操作流程與系統介面

離開機場前的準備

離開入境大廳後或許會很想立刻就前去觀光或工作，但請別忘了準備好現金並開通手機。有什麼東西是在機場就該取得並做好準備的呢？

➡ P.88

入境大廳、過境

完成入境手續後首次進入的異國之地便是入境大廳，先了解大廳內的一般設施與構造吧。若為轉機，也要先確認入境與出發時所需的手續。

➡ P.84・86

進入城市後的交通工具

機場離街區通常都有一定距離。本節將介紹從機場前往街區有哪些交通工具可以搭乘，各自又有什麼優缺點。

➡ P.90

應該仍是必要的吧。

雖然行李提領處與海關在樓層內的規模或格局會因機場而有所不同，不過手續本身都是大同小異。然而行李箱破損或購買超過免稅範圍的商品等情況難免會發生，入境當地後在搭乘交通工具上也可能碰到各種問題。

身為一名旅客無須過度擔心風險，但有備無患。藉由輕便的旅遊導覽手冊或網路，簡單預習抵達到入境之後的流程，想必也能減輕心中的壓力。只要順利通過繁雜的手續，再來就是盡情享受當地的旅遊風情了。

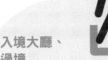

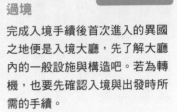

每個國家有著截然不同的入境審查程序

前往海外抵達目的地機場後，首先要面對的就是「入境審查」。在這個環節會隨著入境國家與目的而有著不同的步驟或手續，有些國家甚至需要在出發前註冊或填寫出入境卡。

以美國為例，日本人前往短期旅遊雖然不需要取得簽證，但在首次入境時必須於登機72小時前申請ESTA（電子旅遊許可證）。取得許可、登上飛機後還需要填寫空服員發給旅客的海關申報單。抵達後跟隨指示在入境審查處將護照與海關申報單出示給審查官查驗，此時會詢問旅客入境目的、停留時間、住宿地點等資訊，或拍攝照片、登記指紋。雖然也可以透過

入境審查的流程

該在哪裡排隊呢？

入境審查處會標示為「Immigration」或是「Passport Control」，其中會分成數條通道供本國籍國民和旅客等不同條件的入境者使用。在美國，通道一般分成「U.S. Citizens（美國公民）」、「Visitor（訪客）」、「Non Citizens（非美國公民）」；而在歐洲則會分成「EU（歐盟居民）」、「Non EU（歐盟以外的訪客）」、「All Other Passport（歐盟以外的護照）」。在電子告示牌上可能會顯示多國語言或顯示國旗圖示。

APC KIOSK（全自動通關服務）來完成手續，但視機場或旅客條件可能不見得能使用。

除此之外，德國或法國等國還有護照有效期限等限制，不過不需要填寫出入境卡，在當地的入境審查處也只會詢問常見的問題。

入境流程隨目的地而異

因旅遊前往海外時有哪些主要的入境條件呢？

※以一般短期旅遊為例

❶**美國**：護照剩餘效期90天以上／需申請ESTA／需填寫海關申報單／入境審查

❷**德國、法國、義大利等歐盟國家**：護照剩餘效期自出國日起還有3個月以上／不需事前申請／不需出入境卡／入境審查

❸**韓國**：護照剩餘效期3個月以上／需填寫入境卡／入境審查

❹**台灣**：護照剩餘效期在預定停留日數以上／需填寫入境卡／入境審查

❺**中國**：護照剩餘效期自入境起還有6個月以上／需填寫出入境卡／入境審查

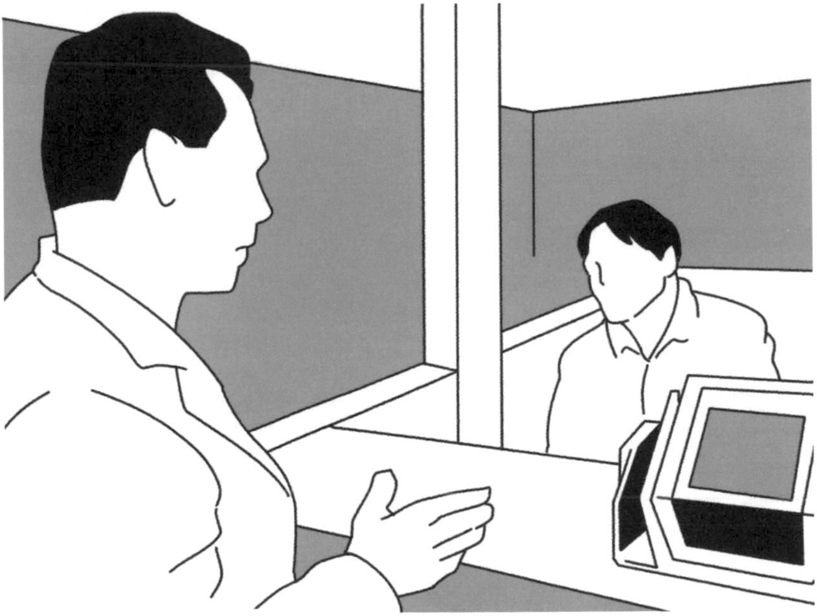

查驗時會問什麼？

一般審查官會詢問①停留目的（觀光還是商務）、②停留時間、③住宿地點這3項，除此之外可能還會問職業、之後是否前往其他國家或入境後的旅遊景點等等。接受查驗時不應回答模稜兩可的答案或說謊，如果聽不清對方問題可以請對方再問一次。要是對自己的語言能力沒信心，隨護照一同出示回國的機票或旅館訂房證明也是一個方法。

將在出發地託運的行李領回來吧

完成入境審查後，可以在「行李提領處」將出發地託運的行李領回來。一般來說通過入境審查處之後可以看到「Baggage Claim」的標識，只要跟隨指示前進就會到達有著數個大型行李轉盤的區域。電子告示牌上會標明航班、出發地、行李轉盤的編號，可以從依次輸送過來的行李中尋找並拿起自己的行李。

在國外的機場，行李從飛機輸送到提領處往往需要一定的時間，只要稍作等待通常不會遺漏，然而要是在入境審查花了太多時間，提領處很可能會開始提領下一班飛機的行李，此點旅客需要多加小心。此外在部分機場中，可能會先到達入境大廳才能看到提領處，所以千萬不要忘了注意機場

Claim的意思

在日語中Claim用來表示「客人的投訴」，但在英語中則是「要求、主張」的意思，因此「Baggage Claim」就表示「要求自己行李的地方」。順帶一提，行李轉盤或輸送帶在英語中稱為Carousel。

電子告示牌

提領處的入口有大型液晶螢幕顯示「航空公司」、「航班名稱」、「出發地」、「轉盤編號」等資訊。到了指定輸送帶旁除了上述資訊外，還會顯示「提領預計時間」等其他資訊。如果因入境審查耽誤而錯過提領時間，行李可能會被搬運至其他位置，這時請向工作人員詢問。

行李轉盤

通過入境審查後前往標示「Baggage Claim」的行李提領處。入口有電子告示牌顯示航班與出發地，以及本趟航班所使用的行李轉盤編號。行李轉盤附近的螢幕上也會清楚顯示相同資訊。行李會慢慢隨著輸送帶傳過來，請仔細尋找以免拿錯或錯過行李。

內的路線指示。

行李箱或包裹等若有受損的情形，請向現場的航空公司人員或到航空公司櫃台申報。注意如果沒有損壞證明書，將無法獲得修理費用等賠償。

行李推車

如果有大件或多件行李，使用行李推車會更方便。日本的機場原則上都能免費使用，但國外有時候需要付費（投幣式）；多數推車會採用鍊條式投幣鎖，只要投入硬幣就能解鎖，使用完畢後將推車歸還到原位就能拿回硬幣。

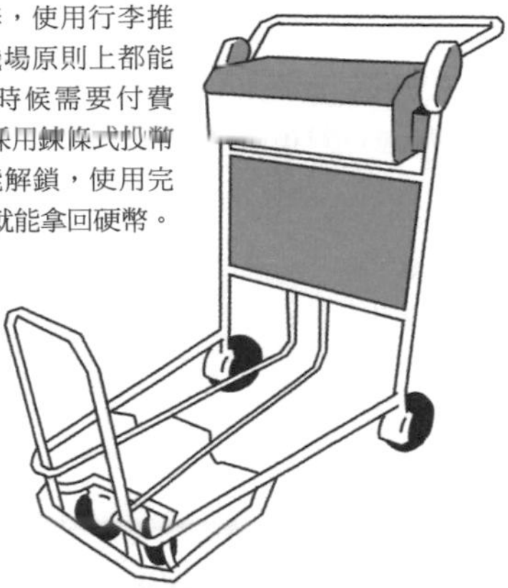

海關申報單

無論任何國家，申報單的填寫內容通常都是名字、護照號碼、是否攜帶蔬菜或肉等食品、是否攜帶高額現金、是否攜帶酒類與香菸以及數量、是否持有槍支或毒品等等。此外還會做動植物檢疫，詢問是否攜帶土壤或是否觸摸過家畜等其他問題。

海關人員

日本的海關屬財務省地方支分部局，海關人員為國家公務員。其他國家的海關人員同樣屬於公務員，或類似身分的其他人員。以美國為例，負責海關事務的是美國海關及邊境保衛局，為美國國土安全部的一個機構。在特定國家裡，海關人員也可能攜帶手槍等武器。

檢查是否攜帶違禁物品以及商品的免稅範圍

抵達機場後的最後一關就是「海關」。海關指的是通過國境時對物品徵收關稅或消費稅等增值稅的行政機構。雖然各國詳細規定不一，不過整體來說海關會檢查、取締是否攜帶動植物、食品或危險物品，並徵收稅金、管制人員出入境。

通過海關就算順利入境了，不過在許多國家，入境人員必須依照是否攜帶應申報物品來穿越不同的通道；沒有攜帶的旅客走「綠線」，而攜帶應申報物品的旅客則必須走「紅線」。在部分國家如美國、加拿大與韓國，於飛機上填好的海關申報單必須要在這時交給海關人員。

不過申報單上的問題或內容並不難，主要的申報事項為「香菸及酒

檢查方式

海關會取締不法藥物、槍械以及仿冒品的走私。日本海關配有緝毒犬、金屬檢測器以及X光機，其他國家也幾乎是同樣規格。有些地方的罰則比日本嚴重很多，千萬不要有僥倖心態。

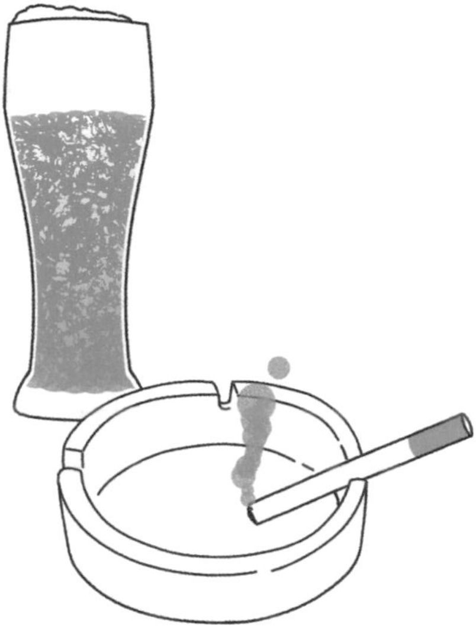

免稅範圍

以日本為例，最熱門的伴手禮中酒類3瓶（換算方式為1瓶760mℓ）以下、紙菸400根以下、香水2盎司以下都是免稅範圍，不會對其課稅。如果超過這個額度，不僅需要申報也必須繳交稅金。此外針對未成年人，「酒類」跟「香菸」無法免稅。

類等是否為免稅範圍」、「是否攜帶超過1萬美元的現金」、「是否攜帶違禁物品」等等，如果是普通旅客應該都能順利通關。順帶一提，回到日本時要向日本海關出示「攜帶品、另外寄送品申報書」；「攜帶品」指的是衣服或伴手禮等跟著本人一起回國的物品，「另外寄送品」則是指用航空或船運送的物品。

無論是否需要申報單或自行申報，海關都可能會隨時抽查行李。也請記住如果未經申報就想攜入超過免稅範圍的物品，則有可能會遭受裁罰。要是不放心，請先向所搭乘的航空公司或機場官方網頁進行確認。

接機門

大型機場在入境大廳中有多個接機門，在這些出口的上方或周圍會有螢幕顯示到站班機的航空公司、出發地、航班名稱等資訊。接機服務的司機通常會在接機門拿著寫有乘客名字或航班名稱的接機牌等候，還請旅客不要走錯接機門喔。

入境大廳

通關後就是異國之地！入境大廳的各項設施

完成所有的入境相關手續，通過海關閘門（接機門）之後就是入境大廳了。如果有預約接機等服務，司機多半會在這個接機門附近等候接機。

在國際線起降頻繁的大型機場，為避免旅客混淆通常會用「抵達」與「出發」的文字以及引導線來劃分區域。由於入境大廳是旅客最初踏上的異國之地，因此這裡也有「旅客服務中心」、「旅館服務櫃台」、「外幣兌換處」等之後一定會需要的服務設施。除此之外，離開機場不可或缺的「計程車服務櫃檯」、「租車櫃台」也都一定在入境大廳附近。

想必有許多人一下飛機就急著前

往目的地，不過入境大廳也設有咖啡廳與便利商店，建議各位不妨先在此稍作休息，整理行李並確認之後的行程。

各種服務中心

「旅客服務中心」能為旅客介紹機場內各項設施並提供旅遊上的協助；「旅館服務櫃台」能幫旅客預約旅館及各項行程。另外還有提供計程車叫車服務或公車票券販售的其他各類窗口。

商店、休憩設施

入境大廳有「咖啡廳」、「便利商店」、「藥妝店」等商店。不少機場也附設淋浴間等休憩設施，甚至還會有禮拜堂。

不同航空公司、航空聯盟與機場的程序有所差異

就連習慣旅行的人也都會感到緊張的，便是在國外「轉機」這件事。在轉機過程中最要緊的，就是報到、領取登機證與託運行李。

先從以下這個例子開始看起：從日本出發，經由中繼點到目的地，全部搭乘同一家航空公司或屬於同一航空聯盟的公司。只要滿足轉乘時間等規定，基本上在日本報到時就會發行直到目的地的登機證，託運的行李也能直接送到當地；但隨著中繼點與目的地狀況、中繼點數量以及轉乘時間，也有可能在轉乘的機場才發行轉乘航班的登機證，因此報到時請務必仔細確認。

此外，若轉乘的航班是不同的航空公司與航空聯盟，那就無法提供「通用報到登機（Through Check-in）」的服務，必須在中繼點重新進行報到手續。

從日本途經美國，再飛往美國境內其他機場或國家時也需要注意。如果要在美國轉機，即使已

若為相同航空公司或與其合作的航空公司

國際線出發		轉乘國內線		抵達目的地
成田	➡	洛杉磯	➡	拉斯維加斯

通用報到登機的條件

- 已經預訂轉乘班機的機票。
- 滿足轉乘時間。
- 轉乘的航空公司為通用報到登機的合作航空公司。

在日本機場該做的事

從出發機場到最終目的地，即使途中會經過中繼點，但只要是相同航空公司或航空聯盟，都可以在一開始就統一完成報到，這種做法稱為「通用報到登機（Through Check-in）」，在轉機時也不需要重新託運行李。但如果機票是分別購買的，很有可能因為轉乘時間或當地運務狀況等理由無法進行報到。

先完成報到並領取登機證，但無論是哪間航空公司，都必須先暫時領走行李，再重新託運給要轉乘的班機。

在國外機場時，要是轉乘時間太短會弄得手忙腳亂，然而時間太長也是一個令人困擾的問題。如果候機時間長到從數小時到半天不等，那或許可以試著參加「過境觀光行程」；這是一種專以轉機旅客為對象，用1小時至6小時的時間帶領乘客前往歷史古蹟或城市街區觀光的迷你旅遊行程。過境觀光行程基本上為免費，通常有數個所需時間不等的行程可以選擇。首爾仁川機場、新加坡樟宜機場、土耳其伊斯坦堡機場、卡達的杜哈機場等各地機場都有類似的行程，不過需要先確認航空公司或護照效期等條件。

打發候機時間的推薦方法

候機時間

【4小時以下】

- 到餐廳或咖啡廳度過
- 透過按摩、伸展運動或睡眠放鬆休息
- 欣賞電影（若有附設電影院）

【4小時以上】

參加「過境觀光行程」也是個好方法。雖然必須預留一定程度的時間，但部分機場也提供時間長短不一的各種行程供旅客選擇。

在轉乘的機場仔細確認指示牌

若完成通用報到登機，那麼抵達中繼的機場後不是前往出口，而是跟隨轉機指示前進。各地機場可能有不同標示，比如「Transfer」、「Transit」、「Flight Connections」等等。若出發時未能取得轉乘班機的機票，則請前往「Transfer Desk轉機櫃台」辦理。

確認行李狀況

即使是相同航空公司與航空聯盟，行李也有可能不會直接送到最終目的地。舉例來說，如果從日本出發並在美國轉機，那麼為了入境就需要接受海關檢查，這時候必須先將行李領出來，然後再重新託運。就算是回到日本並轉搭國內線，由於在抵達的機場必須先完成海關手續，也同樣要先取出再重新託運行李。

現金

雖說許多國家積極推動電子支付，但對大多數旅客而言信用卡和現金仍是主流。取得當地貨幣的方法有①在日本國內兌換現金、②在當地兌換現金、③以信用卡提領現金、④以簽帳金融卡提領現金。

❶ 在日本國內兌換

若為美元或歐元，相較於匯率外還需要支付手續費的銀行，外幣兌換店通常會划算一些。

❷ 在當地兌換

美元或歐元以外的貨幣在當地兌換通常會比較划算。如果是在亞洲地區，除了在機場內也能在熱鬧的商圈裡找到兌換店。

❸ 以信用卡提領現金

VISA或Mastercard等國際發卡組織的信用卡只要設定好現金提領功能，就能在當地ATM提領現金。雖然需要手續費和利息，而且額度也有限，但匯率有時候會比兌換店好一點。

❹ 以簽帳金融卡提領現金

簽帳金融卡不只購物，也能透過國外的ATM從自己的帳戶中提領當地的貨幣。相較於現金卡，優點是手續費較低。

離開機場前的準備

為了度過愉快的旅程，首先得掌握自己的命脈

完成入境手續、離開入境大廳後，各位大概會想要馬上前去觀光，但在離開機場前還有幾件事應該先做好準備。

首先是確保足夠現金。如果忘記攜帶當地貨幣，可以透過機場內的外幣兌換處將日圓換成外幣。若持有國際發卡組織的信用卡並設定好現金提領功能，那也可以利用ATM提領現金。

接著是用手機或平板連上社群網站，搜尋地圖不可或缺的網際網路。直接使用電信業者的國際漫遊服務雖然簡單，但長期停留的漫遊費也相當可觀。使用SIM-Free手機的話可以購買當地電信業者的SIM卡，而如果不

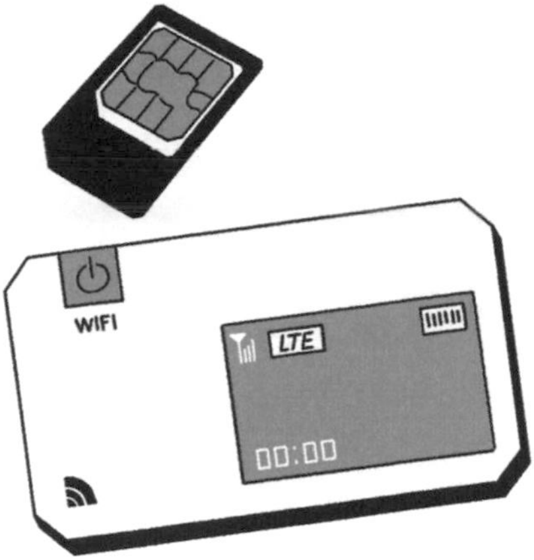

通訊環境

若不算日本國內電信業者的國際漫遊，那麼「當地電信業者的SIM卡」和「海外Wi-Fi分享器」這2種是主流。雖然在機場或飯店內可以使用免費Wi-Fi，但安全性沒有保障，而且一旦離開就無法使用了。當地SIM卡在日本也能取得，機場內也可能有SIM卡的自動販賣機或商店；雖說價格較為便宜，但設定可能會有些麻煩。最簡單的是租用海外Wi-Fi分享器的方法，連線速度快且費用親民，還能供好幾台手機使用。除了租借外也可以直接購買海外Wi-Fi分享器。

交通卡

國外的鐵路或公車等大眾交通工具也很盛行儲值式的交通卡。卡片本身可在車站或商店等處購買，不過儲值方法多有不同，不妨詢問機場的旅客服務中心。倫敦、紐約、新加坡目前也已開始推行用簽帳金融卡或信用卡付款的乘車系統。

飲料

如果排除便利商店很多的亞洲，水或飲料在其他地區其實並不是很容易取得的物品。機場或車站有許多購物中心或商店，最好先買1瓶放著備用，也能順便將部分現金換成零錢。

是SIM-Free手機則建議租借供海外使用的Wi-Fi分享器，在費用上會更平易近人。這種行動Wi-Fi分享器也有部分商店在販售，如果1～2年內還預計要再出國旅行的話，那麼購買Wi-Fi分享器也頗為划算。

最後不能忘記的是，一定要購買水或飲料。國外即使是在大城市，也並非任何地點都有便利商店或自動販賣機，請先在機場買起來以備不時之需。

計程車

行李多又有充分預算，選擇可以直接前往目的地的計程車最為方便，許多國家還能看見專為外國旅客提供的車輛或口譯服務。然而有些司機會非法改造計費器，因此若對治安問題有所擔憂，就需要到機場櫃台或在旅館請服務人員叫車會更為安心。

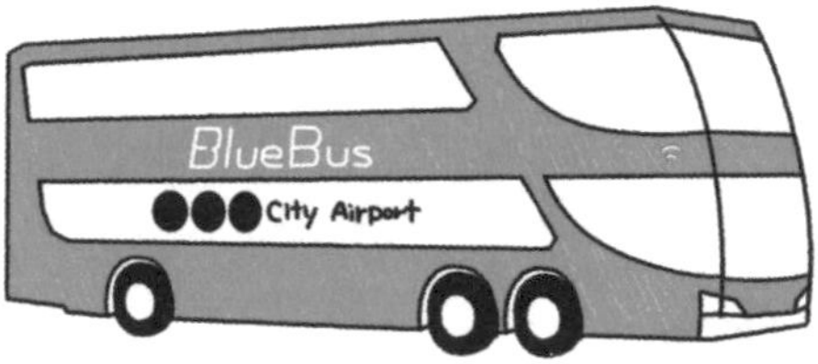

公車

能直接前往市中心的機場公車在多數國家都是主流的交通工具，通常採用不受交通狀況影響的固定費率，而且每個區間設定的費用也遠比計程車便宜。機場公車多半會有專門放置行李箱的行李放置區。一般的公車路線雖然票價又再更低，但會花費更多時間。

鐵路

駛入機場內的鐵路相當多樣，除了一般的鐵路路線外，可能還有專用的新型大眾運輸系統或路面電車等等，歐洲也有很多機場會與高速鐵路的車站連結在一起。前往市區的車資通常比計程車與公車還要便宜。若是從車站到目的地還有一段距離，就必須注意有治安問題的區域。

選擇並不少，但務必小心違法的交通手段

需要住宿的海外旅行應該都會攜帶行李箱等不少行李，所以大多數旅客都會想盡早前往旅館辦理入住好放下身上的行囊，但被認為已經離市中心很近的澳洲雪梨機場距離市中心約8 km，德國法蘭克福機場也要約10 km的距離。這麼一來最令人在意的，大概就是花費在移動上的費用、時間以及舒適性吧。

從機場到街區的交通手段，如果是大眾交通工具的話最常見的便是「計程車」、「機場公車」以及「機場鐵路」，除此之外「包車等個人接送服務」、「租賃汽車」，以及近年來興起用網路預約的「共乘服務」也都愈來愈受到矚目。

交通工具的費用由低到高分別是

在交通上該注意什麼？

最應該注意的當然就是「意外」與「事故」。違法計程車服務往往會發生不少車資糾紛，出意外時也沒有保險、賠償等任何保障。最近公車與鐵路等大眾交通工具的App相當普及，在出國前不妨先查詢並試用看看。

租賃汽車

對於行李很多又想自由移動的人，租賃汽車可能是最佳的選擇。只要是日內瓦公約簽訂國即可用國際駕照，而若是簽訂個別條約的國家則通常只要用日本駕照及其當地語言的譯本便能開車上路。不過也有像中國這樣沒有當地駕照就不能駕駛車輛的國家。

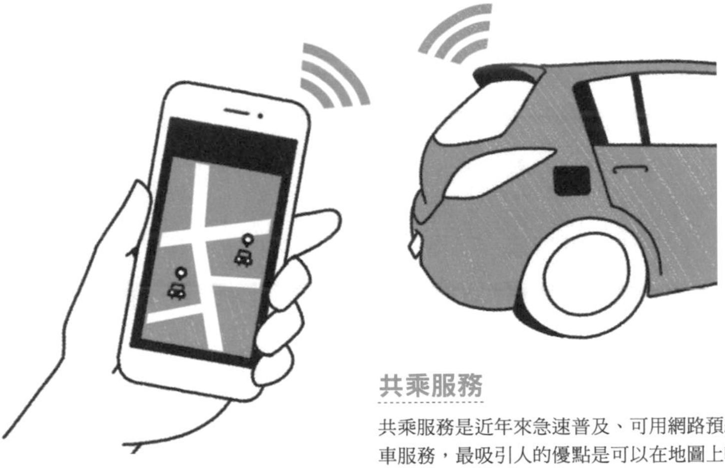

共乘服務

共乘服務是近年來急速普及、可用網路預約的一種乘車服務，最吸引人的優點是可以在地圖上輸入目的地並直接用網路付費，操作起來簡單方便。但在部分國家，共乘服務可能是違法的，又或者必須用當地App才能叫車。關於這些資訊，最好還是事前了解一下。

「機場鐵路」、「機場公車」、「計程車」，不過要是行李很多且對當地地理環境不熟，那麼計程車的便利性就很難忽視了。在機場很容易找到前往招呼站的方式也是計程車的一大優點。

另一方面在速度與車資這點上，「機場鐵路」有很大的優勢；歐洲多數國際機場都有鐵路車站，亞洲與美國也都有先進的鐵路網。不過搭乘鐵路有營運時間及班次數量的問題，而且治安不佳的部分區域也可能碰上扒手或行李賊。

當然，國際機場為各國的國門，也是顏面所在，應該還有更多交通工具可以選擇。話雖如此，所謂「白牌車」這種違法的交通手段很有可能會發展成嚴重問題，還請各位切勿嘗試。

阻擋在前的荊棘之路

日本第一架國產噴射客機MSJ的開發

度過二戰戰敗後漫長的空窗期，日本首架國產客機YS-11至今也已59年。讓我們回顧集結日本飛機工藝結晶的國產噴射客機MSJ一路走來的開發故事。

跨越漫長的7年空窗期重新出發

一九四五年（昭和20），隨著日本在太平洋戰爭戰敗，駐日盟軍最高司令官總司令部「GHQ」下達了禁止日本生產、研究、營運航空器的命令。戰前在航空技術上曾有著世界最高技術水準的日本各家飛機製造商也因為盟軍的佔領而完全解散，被迫轉移成其他業種。許多參與飛機製造的優秀工程師與技術人員多轉而投入汽車與鐵路等產業，在之後的高度經濟成長期為這些產業的發展做出巨大貢獻。

接下來以朝鮮戰爭為契機，東西冷戰逐漸白熱化。在此期間隨著舊金山和約生效，日本企業時隔7年終於得以解除一部分航空器運航及生產的禁令，開始獲得授權生產美製軍機提供給防衛廳。然而當時正值往復式引擎機逐漸汰換為噴射機且巨大化的轉換期，因此落後這段7年的空窗期所帶來的影響遠比想像中嚴重，日本的航空產業可說是在極為不利的條件下重新出發。

採用軍機技術的戰後首架國產客機YS-11

一九五六年（昭和31）在通產省重工業局航空機武器課主導下，日本推出國產民航機計畫，並於隔年一九五七年（昭和32）在東京大學內成立「財團法人輸送機設計研究會」，展開國產小型旅客運輸機的生產企劃。

參加「輸送機設計研究會」（簡稱為「輸研」）的企業包含新三菱重工（今日的三菱重工）、川崎航空機（今日的川崎重工）、富士重工業（今日的SUBARU）等支撐戰前航空產業的製造商，以及住友金屬（今日的住友精密工業）、島津製作所、日本電氣、東京芝浦電器（今日的東芝）等各式多家相關企業。

擔任設計的技術人員包含曾設計「零戰」，以電影《風起》主角原型為人所知的航空工程師堀越二郎，以及戰前曾經手設計軍用機的各界優秀人才。這次他們並非為了戰爭兵器，而是為了和平目的傾盡心血設計國產民航機。

一九五九年（昭和34），在官方與民間的合力出資下成立特殊法人「日本航空機製造NAMC」。3年後的一九六二年（昭和37）八月三十日，被命名為YS-11的雙渦輪螺旋槳引擎國產客機首次試飛成功。一九六四年（昭和39）YS-11作為運送東京奧運聖火的飛機前往日本各地。

隔年一九六五年（昭和40），YS-11從國內線開始服役，直到一九七一年（昭和46）為止共生產182架，最後在二〇〇六（平成18）年結束最後一次民間定期航線的飛行。之後作為航空自衛隊運輸機使用的YS-11P152號機也在二〇一七年（平成19）五月二十八日，在航空自衛隊美保基地航空祭中進行最後一次飛行而退役。目前YS-11除了成田國際機場旁的航空科學博物館所收藏的1號原型機外，尚有12架在日本各地的博物館展示或保存。

因新冠疫情影響而大幅縮減的航空需求

近年來僅搭載50～100名旅客，能夠使用短跑道的低噪音小型噴射客機「Regional Jet」在全球愈來愈盛行。在這樣的背景下，日本也開始計畫生產國產的小型噴射客機。

二〇〇八年（平成20），三菱重工創立作為航空器部門的子公司「三菱航空機」，以二〇一三年（平成25）的交付期為目標啟動稱為「MRJ（三菱Regional Jet）」的計畫。到了比當初預定的時間延遲2年的二〇一五年（平成27）十一月，1號原型機順利在名古屋機場成功試飛；在前一年的二〇一四年（平成26）舉辦的「完成公開典禮」中，就已收到來自世界各國航空公司超過400架以上的訂單。不過隨著之後的多次延遲交付，有許多訂單也跟著取消。

二〇一九年（令和元）六月，三菱航空機將原本MRJ的名字改為「MSJ（三菱Space Jet）」，這其中也有宣傳機內寬廣程度的意圖。但是到了二〇二〇年（令和2）二月，三菱發表了第6次的延期，十月更有新聞報導「Space Jet是否實質上凍結了開發？」，對此三菱重工僅表示「我們仍在討論任何可能性，凍結開發並非已決定好的事實」。

新冠肺炎疫情在全球迅速擴大，重創了世界各地的航空公司，使經營狀況變得極為嚴峻。今後航空公司都需要看清航空需求的動向，摸索重新出發的時期。然而日本首架國產噴射客機飛往全世界天空的日子，又什麼時候會到來呢？

PART 4 機場運作背後的

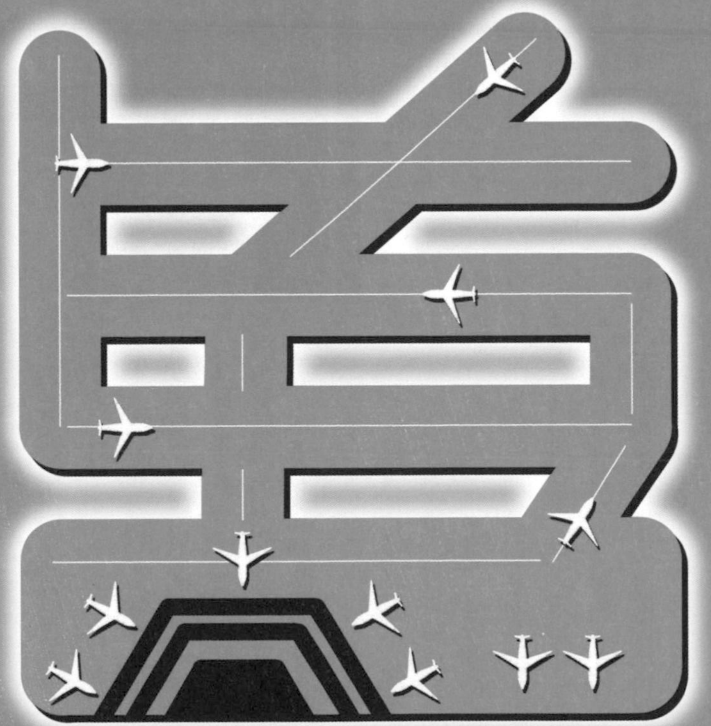

PART 4
INDEX

飛機製造商

客機有著數不勝數的各種大小與規格。客機主要製造商曾製造過什麼樣的飛機，飛機又有哪些分類呢？一起確認現在的趨勢與流行吧。

→ P. 98

跑道、滑行道

機場內會鋪設供飛機滑行的滑行道，以及供飛機起降的跑道。本節將介紹這些縱橫遍布整個機場的道路有什麼功能、結構、設備以及使用規則。

→ P. 102

若是時常搭乘飛機去旅行，說不定也會開始對自己搭乘的飛機機型或飛航運作方式產生興趣。

雖然關於機型是大型機還是小型機、製造商又是哪一間等對旅客而言是不足掛齒的小疑問，但或許也有人希望在旅途的回憶或紀錄中了解這些資訊。另外由於航空公司會公開座位配置圖，只要知道機型就能快速掌握機上設備以及座椅的功能，在挑選座位時也能派上用場。當然，如果本身就特別喜歡飛機與機場，記錄下搭乘機型與飛行路線，也肯定能當作日後旅行與出差的參考。

關於飛航的運作方式也是如此。日本上空包含國內線與國際線在內，每天都有數千架次的班機來往穿梭，但為了保障飛航安全並確保班表準時無誤，需要有

飛航管制

飛航管制是安全飛行不可或缺的一環，起降許可及飛行中的指示等都是飛航管制人員的工作。除了知道機場能看到的塔台有什麼功能，還要一併了解管制系統如何協助飛機安全、正確地飛行。

→ P.106

運航管理

在航空公司內會成立運航管理部門，決定飛行路線或飛機是否可以起飛。這一節將介紹有「地上飛行員」之稱，同時也是航空公司決策中樞的運航管理中心工作。

→ P.110

許多的人員24小時、365天不斷地盡力維護。負責給予班機出發、抵達以及空中飛行指示的飛航管制，是今日民用航空中不可或缺的存在，但一般人沒有什麼機會了解這項工作與其運作系統；此外決定飛行路線或運航可否的航空公司運航管理部門等協助飛行的工作，通常也無法親眼見識。若可以了解平時搭飛機卻從未想過的機場運作機制，想必飛行過程會更加有趣吧。

本章將會介紹客機分類與主要製造商，並說明管制系統、跑道及滑行道的功能、還有航空公司的運航中樞「簽派員」的工作等等，帶領各位一起看看安全、舒適的飛行背後是如何來運作。

主要客機製造商

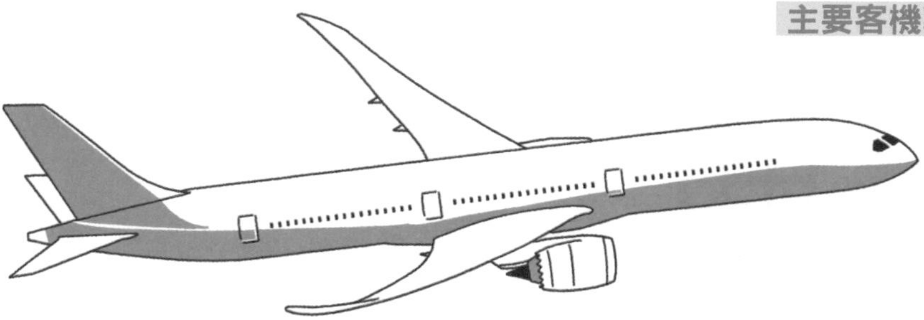

波音（美國）

總部位於伊利諾州芝加哥，是世界最大的客機製造商，也是航太載具的開發製造公司。成立於1930年代，現在主要生產在日本航空公司中也很常看見的寬體客機777與787系列，以及窄體客機737系列。

空中巴士（歐洲）

空中巴士是主要由法國與德國的航空器相關企業出資，並於1970年成立的公司。現在與波音共同成為飛機製造商的2大龍頭，推出的產品從巨型飛機到區域航線噴射機皆有。全機皆為雙層客艙的A380等機型相當有名，是在日本也廣為人知的製造商。

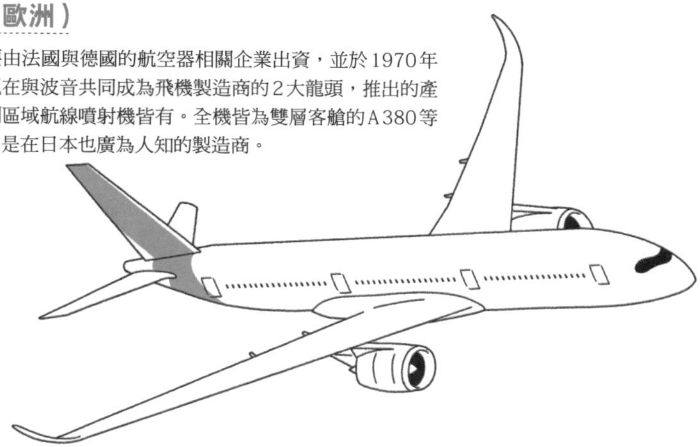

客機的大小有基準嗎？又是在哪裡製造的？

客機的主要製造商多數位於歐美國家。我們常聽到「大型機」或「小型機」等用詞，但實際上機身尺寸與結構有什麼基準嗎？

關於大小，在飛航管制中以最大起飛重量為標準來區分，然而ICAO（國際民航組織）或FAA（美國聯邦航空總署）則以機翼寬度來進行分類。但標準這件事相當專業，對乘客來說並不是那麼好理解。

最常見也最好懂的分類是「寬體客機」與「窄體客機」，前者是客艙內有2條走道的中大型飛機，座位數從180到500不等，後者為只有1條走道的小型機，座位數則是100至200個。在窄體客機中，還有座位數

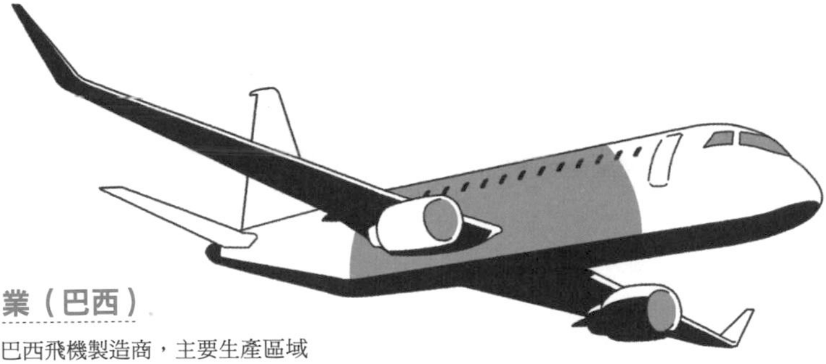

巴西航空工業（巴西）

規模世界第3的巴西飛機製造商，主要生產區域航線噴射機，此外也生產商務噴射機。80～100席的E-Jet系列目前正活躍於日本的地區航線。

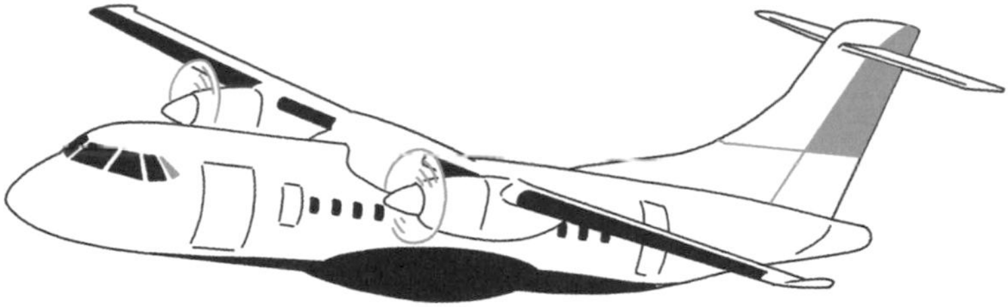

ATR（歐洲）

1980年代由法國和義大利的飛機製造商合資組成。ATR僅生產座位數約40～50席的ATR42，以及約60～70席的ATR72這2種機型，且2種都是螺旋槳飛機（渦輪螺旋槳引擎）。

約只有50到100個並搭載渦輪扇引擎的機型，這種飛機稱為「區域航線噴射機（Regional Jet）」；座位數只有20到50個左右的螺旋槳飛機則稱為「區間客機（Commuter）」。

這些分類也跟客機製造商所推出的產品線有所關聯。目前全球客機製造商處於美國的「波音」以及歐洲的「空中巴士」2間公司雙雄爭霸的局面，而他們製造的主力產品為寬體客機跟窄體客機。至於區間客機，可說巴西的「巴西航空工業」與歐洲的「ATR」主導了整個市場。

這幾年俄羅斯的「UAC（聯合航空製造公司）」、中國的「COMAC（中國商用飛機）」等飛機製造商也都各自公開了新型的客機。

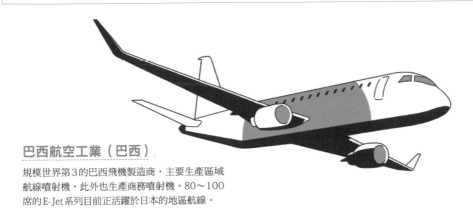

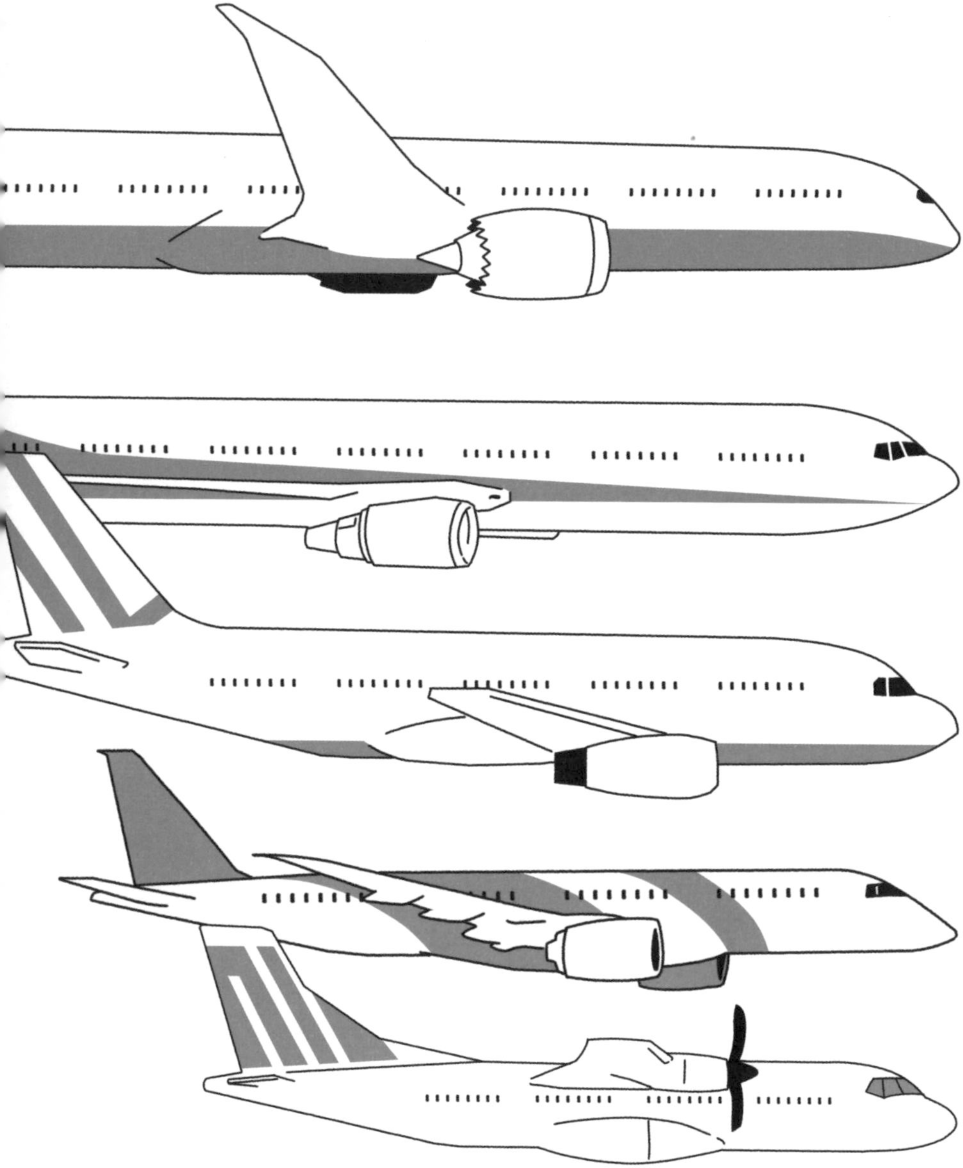

●寬體客機

波音747、777、787等
空中巴士A380、A350XWB、A330等

特徵是機體寬度非常寬，客艙內有2條通道，也就是所謂的大型客機。經濟艙可實現從2-4-2的1排8席，到3-4-3的1排10席等座位配置，座位數最多可達到300席至500席。以「巨無霸客機」的暱稱聞名的波音747，還有全機皆為雙層客艙的空中巴士A380都是寬體客機最具代表性的機型。

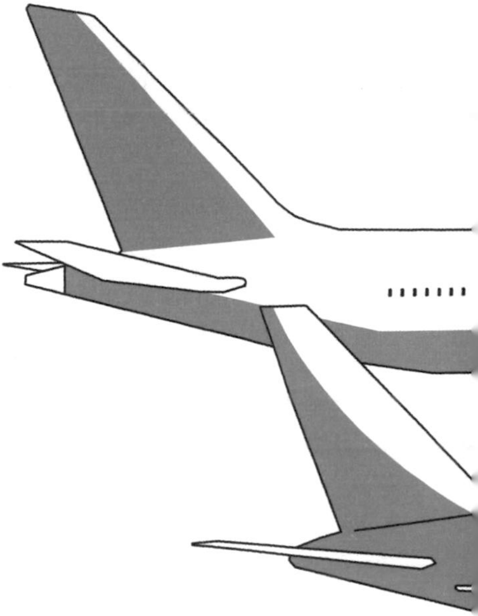

●半寬體客機

波音767

雖然客艙內有2條通道，但機體寬度稍窄，座位多採2-3-2（部分為2-4-2）席配置，因此波音767有時候會被分類為半寬體客機。座位數在全長較短的-200上約為180～250席，在全長較長的-400ER上約為240～350席。

●窄體客機

波音737
空中巴士A320

機體寬度窄，僅有客艙中央1條通道的機型，最著名的有波音737以及空中巴士A320。這2種機型的經濟艙都採用1排6席的3-3座位配置，座位數也都在130～200席左右。窄體客機活躍於國內線、短程國際線以及廉航公司的機隊中，是所謂小型客機的典型。

●區域航線噴射機

巴西航空工業E-Jet

雖然是短程用的小型機，座位為1排4席的2-2配置，但跟大型客機使用一樣的渦輪扇引擎（噴射引擎的一種），這類型的飛機稱為「區域航線噴射機」。三菱航空機正在開發的Space Jet也是區域航線噴射機。

●區間客機

ATR42、72

提供離島等航班使用的短程用小型機。座位有1排3席的1-2配置、1排4席的2-2配置等等，座位數在100以下。日本常見的龐巴迪DHC-8、ATR42／72系列等等，這些搭載渦輪螺旋槳引擎（噴射引擎的一種）的螺旋槳飛機都屬於區間客機。

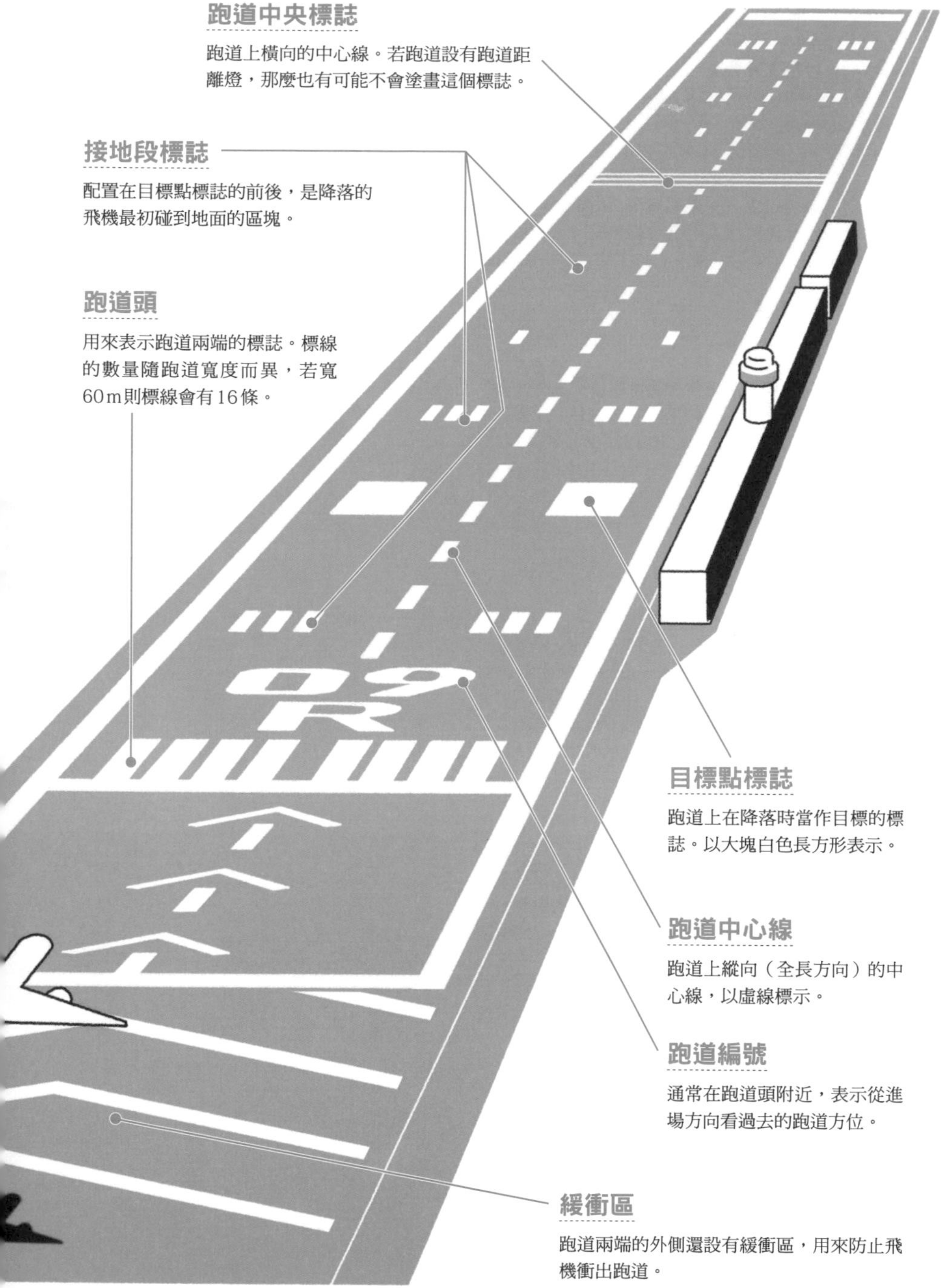

跑道中央標誌

跑道上橫向的中心線。若跑道設有跑道距離燈，那麼也有可能不會塗畫這個標誌。

接地段標誌

配置在目標點標誌的前後，是降落的飛機最初碰到地面的區塊。

跑道頭

用來表示跑道兩端的標誌。標線的數量隨跑道寬度而異，若寬60m則標線會有16條。

目標點標誌

跑道上在降落時當作目標的標誌。以大塊白色長方形表示。

跑道中心線

跑道上縱向（全長方向）的中心線，以虛線標示。

跑道編號

通常在跑道頭附近，表示從進場方向看過去的跑道方位。

緩衝區

跑道兩端的外側還設有緩衝區，用來防止飛機衝出跑道。

跑道與滑行道

配合用途所鋪設，供飛機使用的道路

機場內雖然有數種供飛機使用的道路，但其中最重要的可以說是「跑道」了。跑道是讓飛機起飛或降落時使用的道路，而且為了起降安全，在鋪設時必須滿足多項標準。

雖然ICAO（國際民航組織）已有相關規定，不過日本仍基於國際動向，由國土交通省制定跑道的設計原則。舉例來說，跑道的長度設計必須依據飛機的起飛距離、加速停止距離、降落距離，並考量到標高或氣溫等條件才算合格。以國內線的標準長度為例，波音747或777等大型客機需要2500m以上，767或空中巴士A320等中小型客機需要2000m以上；巴西航空工業E-Jet等區域航線噴射機同樣也要2000m以上，DHC-8或ATR42等螺旋槳飛機則需要1500m以上。然而載運大量燃料及貨物的大型客機想要飛國際線，那麼起降的機場通常就需要3000～4000m的跑道。

跑道的寬度同樣要依照飛機主輪或機翼長度來設計，另一方面為了承受重量達到數百t的機身，道路鋪設的強度與深度也有相關規定。順帶一提，跑道表面不僅做得遠比一般道路更為堅固、煞停性能更高，而且還有細小的排水溝以便雨天時能快速排水。

此外，在航班繁忙的機場也可能會平行配置多條跑道；如果當地盛行側風，那麼還可能設計與主跑道方向不同的側風用跑道。

機場內還有另一種承擔重要任務的道路，稱為「滑行道」。滑行道用來供飛機在地上滑行移動，而且根據用途有幾種不同分類，比如與跑道呈平行，在出發或抵達時可移動到跑道兩端的「平行滑行道」，以及連接機坪、平行滑行道與跑道的「聯絡滑行道」，這2種是最常見的基本滑行道。

除此之外，為了讓降落的飛機能順暢地離開跑道，機場可能也會有斜向的「快速出口滑行道」等設置。

航空燈光

跑道與機場裡為了讓飛機在夜間或天氣不佳時也能起降，在不同位置會設置多種燈光設備，跑道上便設有「中線燈」、「邊緣燈」、「末端燈」、「接地區燈」等等。

跑道上的文字有專門的規定

日本與國外的數字寫法不盡相同，譬如在國外看別人寫在筆記本上的數字，可能會有很多日本人分不清1和7、4和9。如果採用固定的字體，的確能減少手寫造成誤讀的可能性，因此ICAO便明文規定用來表示跑道方位的數字與字母應該使用的大小及字體，各國機場也都以此為標準。另外，滑行道上設置的各種標誌也會採用同樣的標示方法與字體，以求世界各地能有統一標準。這些全球統一的標準或許也可以說是各國飛機往來交錯的機場才有的特色。

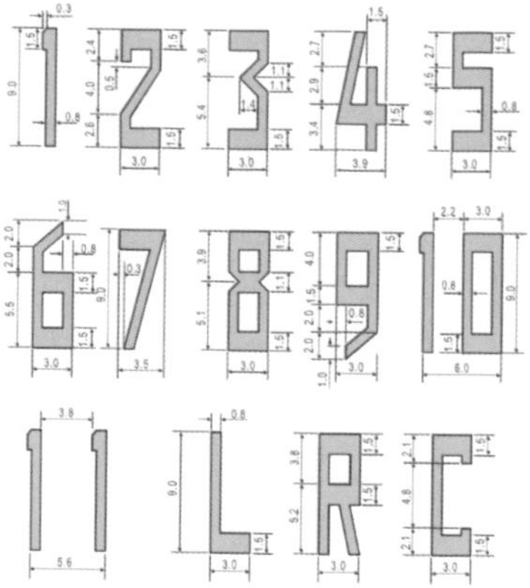

平行跑道

在每天有數百架班次起降的大型機場中，通常會配置多條跑道以提升消化航班的能力，這種跑道稱為平行跑道，其中像羽田機場或成田機場這種同一方向且彼此遠離的跑道配置稱為「開放式平行跑道」，而伊丹機場或新千歲機場這種跑道彼此相鄰的配置則稱為「交叉平行跑道」。前者2條跑道可以同時起飛或降落，運用起來相當有效率；後者則允許一邊起飛、另一邊降落，相較於單一跑道更為靈活也更有效率。

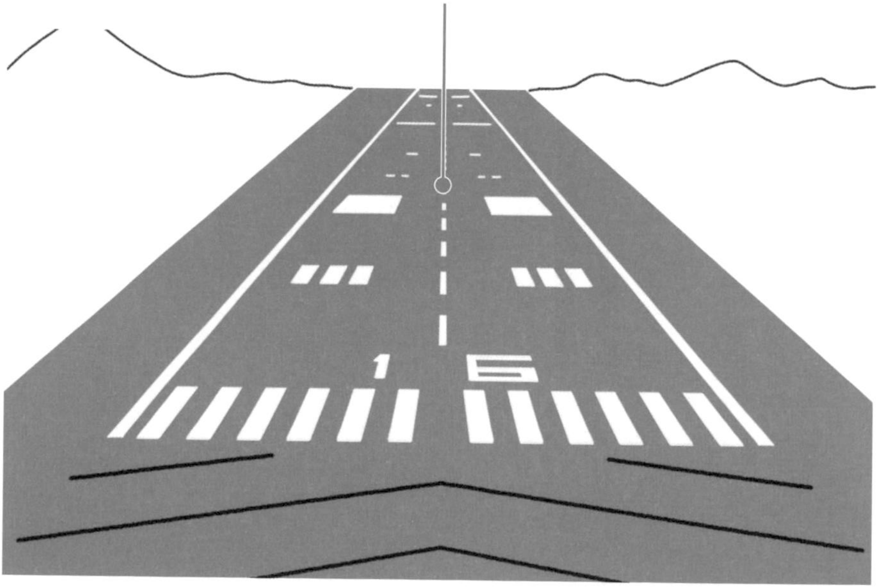

滑行道

英語稱為「Taxiway」，是用來讓飛機在地上順利移動的通道。除了起飛時從機坪前往跑道、降落時從跑道前往機坪這2種狀況外，移動到機庫等處時也會使用滑行道。

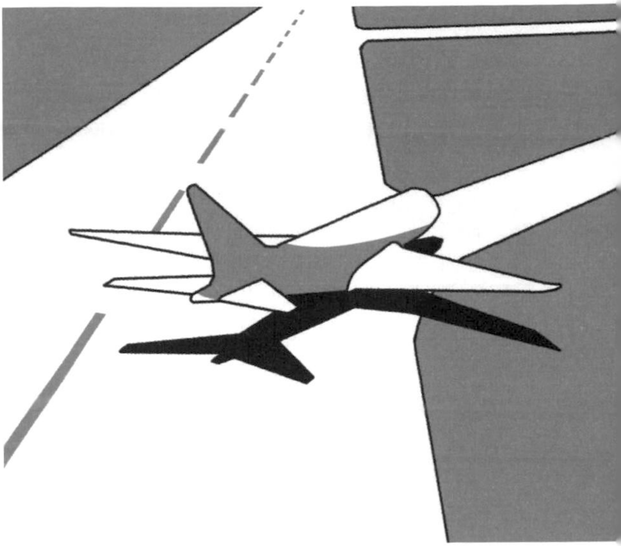

快速出口滑行道

為了縮短降落的飛機待在跑道上的時間，機場可能會設置讓飛機能以高速從跑道離開的快速出口滑行道。一般來說快速出口滑行道與跑道間有30度左右的夾角。

聯絡滑行道

飛機往來機坪、平行滑行道與跑道時所使用的滑行道。

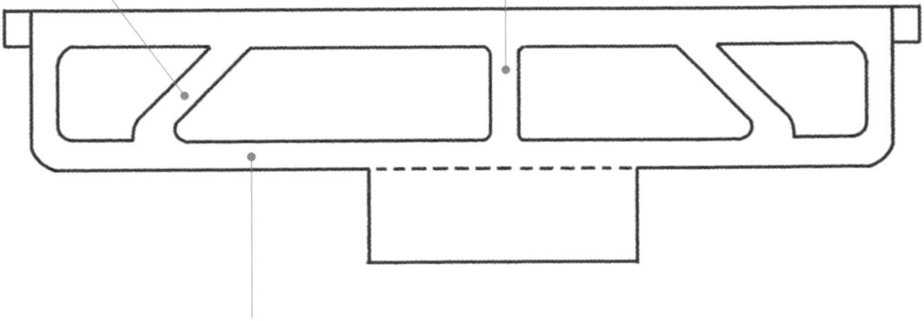

平行滑行道

為了縮短飛機佔用跑道的時間所設置的滑行道，與跑道間呈平行。飛機會先在這條滑行道上滑行，再移動到跑道的兩端。小型機場可能不會鋪設平行滑行道。

塔台（管制室）

機場裡可以看到的高塔稱為塔台。管制室（VFR室）位於塔台頂部，能夠環視整個機場，管制員在此會對地面移動中的飛機做出指示、下達起降許可、或管控在管制圈內（半徑9㎞）飛行的飛機。另外在大型機場中，還設有被稱為IFR室的終端雷達管制室，能夠監控更廣大的範圍（半徑100㎞）並引導機場附近的飛機。

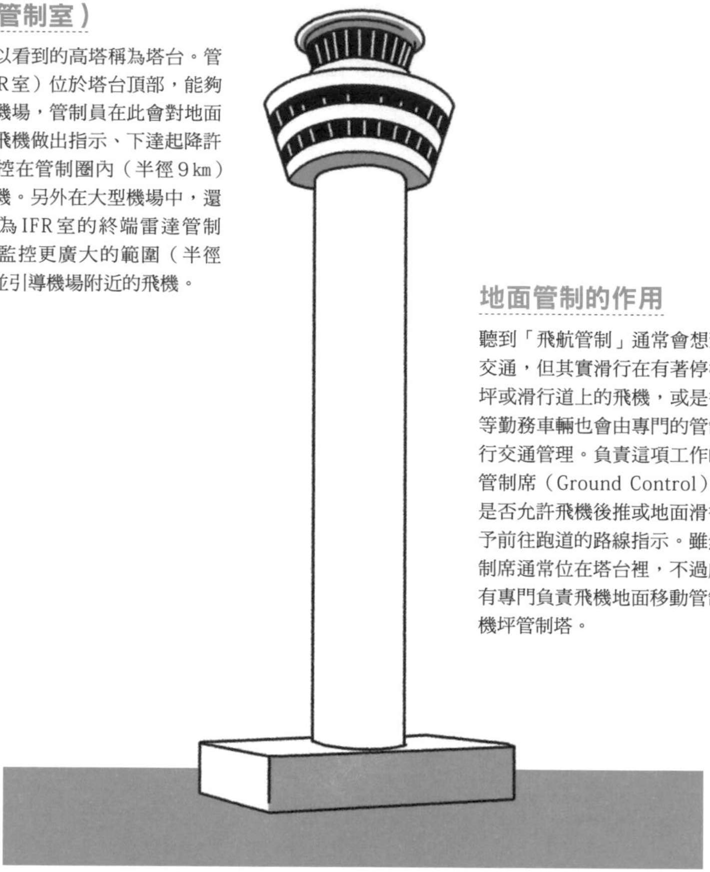

地面管制的作用

聽到「飛航管制」通常會想到空中的交通，但其實滑行在有著停機位的機坪或滑行道上的飛機，或是行李拖車等勤務車輛也會由專門的管制部門進行交通管理。負責這項工作的是地面管制席（Ground Control），會判斷是否允許飛機後推或地面滑行，並給予前往跑道的路線指示。雖然地面管制席通常位在塔台裡，不過成田機場有專門負責飛機地面移動管制業務的機坪管制塔。

飛航管制 1

守護飛行安全，正確引導飛機

國內線與國際線合在一起，羽田機場每天都有約1000架次的航班，有時候每小時最多可達80次的飛機起降。有些是前往北海道與九州的班機，有些則是遠從歐洲飛來的班機。

無論天氣狀況、視野、時間如何，飛機之所以能順利無礙地前往目的地，都是因為有「航空交通管制」對起飛、降落以及飛行的方式下達指示。

說是「管制」，但隨著負責任務及區域的不同，還可以分成「機場管制」、「終端雷達管制」、「航路管制」3種業務。這裡先從機場裡的塔台所進行的工作，以及其扮演的角色和構造開始看起。

飛航管制業務

❶ 機場管制

由機場裡的塔台進行管制的業務，負責機場半徑9km內的空域，會對在管制圈內飛行的飛機做出指示並下達起降許可。此外在大型機場中，還有提供滑行道路線指示的地面管制。

❷ 終端雷達管制

負責大型機場半徑100km內的空域。除了對出發或抵達的飛機做出上升、下降的指示，也會提供飛行路線的指引。另外為了讓出發的飛機有效率地起飛，會設定飛機之間的間隔，也會對降落的飛機下達指示，使飛機能以一定的安全間隔排隊進入機場。

❸ 航路管制

透過雷達確認在機場與機場之間飛行的飛機，並指示路徑與高度，這樣能讓飛機在上升到巡航高度或下降時能與其他客機保持一定間隔。不只是日本的飛機，也會對所有通過日本飛航情報區的外國飛機下達指示與許可。

在塔台頂端的管制室負責飛機在地面的滑行、起降許可與指示等機場管制業務。為了實行這項工作，管制室配有能夠環視整個機場的大片玻璃窗，並具備能夠抵抗地震等災害的堅固結構。

大型機場的管制室配有10名以上的管制員，其中每個座位會各自負責不同的工作；基本上可分成判斷是否能起降的機場管制席、對地面滑行飛機做出指示的地面管制席、以及向飛機傳達飛行途徑及高度等資訊的許可頒發席，不過若機場有多條跑道，可能還會增設機場協調席等其他席位。此外為了應對惡劣天氣，機場內設有大量攝影機，而在管制室裡則配備有望遠鏡以及能用強光發出信號的燈光信號槍。

規劃地面與空域移動的指示系統

以客機來說，飛行方式通常採用從出發到抵達都依循飛行計畫書，並隨時聽從飛航管制員指示的儀器飛行（IFR）。為此，ICAO（國際民航組織）規定了包含領空與公海上空的飛航情報區（FIR）以及各管制部管轄的空域，以提供飛行所需的資訊。順帶一提，日本負責的空域稱為福岡FIR，南端大致在北緯21度，東端最遠在東經165度，深入了太平洋上空。

乍看之下自由飛馳於天空中的飛機，其實不只在機場內，出發（起飛）跟抵達（降落）的路線也已經事先決定好了，福岡FIR還進一步分成5個空域。另外，天空中還設有稱為「航路」的空中道路；為避免飛機在同一高度交會，航路在日本從2萬9000ft（約8850m）到4萬1000ft（約1萬2500m）之間每隔1000ft設有刻度，並分成東行跟西行2個方向。

所有飛機在飛行時都謹守這些詳細的規定，而照看著飛機並下達指示的飛航管制更是安全飛行不可或缺的存在。

管制業務的流程

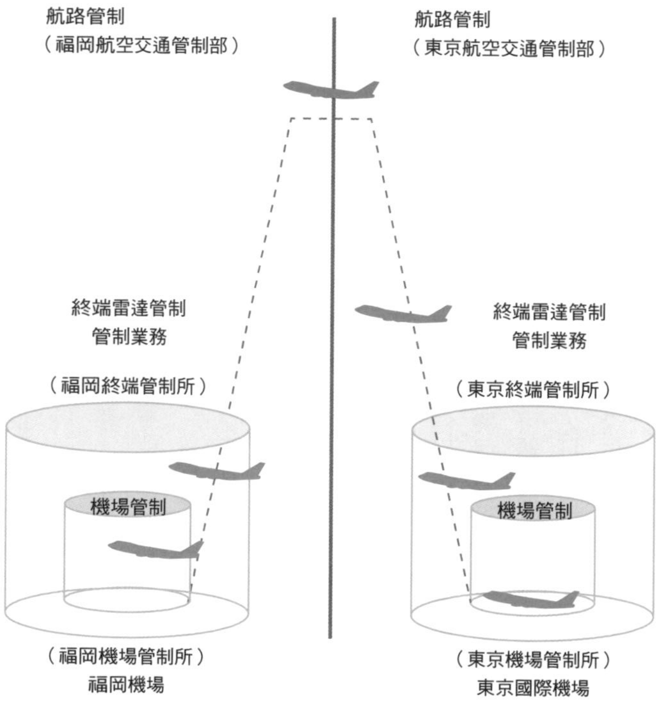

塔台管制室的格局範例

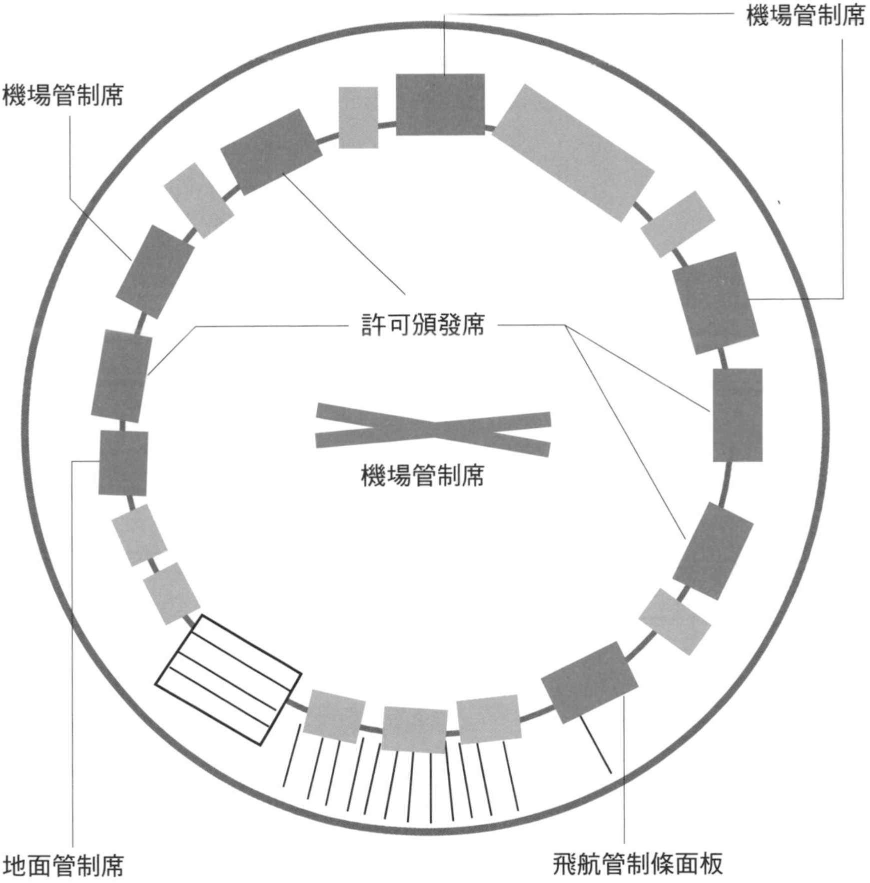

- 飛機場管制席：對出發或抵達的飛機下達起降許可或指示。
- 地面管制席：對在地面的飛機下達滑行路線等指示。
- 許可頒發席：準備出發的飛機會報告目的地等資訊並要求承認飛行計畫，管制員檢視飛行計畫無誤後，會向飛機回傳飛行路線或高度等資訊。
- 機場協調席：若機場有多條跑道，協調席便會在負責不同跑道的管制席之間進行協調，並判斷是否能同時起飛等等。
- 機場起飛監視席：若有飛機同時起飛，會監視飛機是否脫離飛行路線。
- 機場總管席：機場管制的負責人。
- 飛航管制條面板：用來排列各個航班飛航管制條的滑軌。飛航管制條上會記錄航班名稱、機型、目的地等資訊。若為最新系統，飛航管制條則都已電子化並顯示在各個座位的螢幕上。

※若是有多條跑道的大型機場，則還會另外準備對應「東」、「西」等各個跑道的管制席座位。

支援客機安全飛行的地上飛行員們

客機的運航務求安全、安心、準時、準確，因此航空公司會設立運航管理部門集結來自各個領域的專家，以24小時、365天全年無休的體制協助自家航班的飛行。

而在運航管理部門中，考量乘客人數、貨物重量與天氣狀況，並決定燃料量和飛行路線的簽派員（Dispatcher）更是讓飛機得以安全飛行的關鍵職位。舉例來說，即使是飛行同一區間的航班，也可能因為天氣狀況惡化而需要採取迂迴路線，或是追加足以在上空待機的燃料等等，簽派員必須了解有關飛行的各種知識與危機應對方法，因此他們也被稱作「地上的飛行員」。簽派員基於各種數據所製作

簽派員

英語稱為Dispatcher，負責提供飛行路線與天氣狀況等各種資訊以確保飛機能安全地飛行，有時也作為管理者下達指示。想成為簽派員必須對飛機運航有一定程度的經驗，並考取國家執照。

總監

被稱為Mission Director或Operation Director的運航管理負責人。在運航事務上得到總裁直接授權，不只是監控航班，在發生緊急狀況時也必須做出判斷。除了運航管理外，同時也是設備運用、航班管理、機組人員班表等部門的最高負責人。

的飛行計畫在交給負責駕駛的機長確認並在雙方同意後，就會提交給國土交通省。

除此之外，簽派員還需要監控飛行中的航班，若有突發的天氣變化等情況，也會立刻用無線電與駕駛艙取得聯繫並提供協助。想成為需要具備大量專業知識的簽派員必須考取國土交通省的國家執照，是一道嚴峻的難關。

在運航管理部門中，還有調整、決定班機行程的班表管理人員，以及負責建立飛航設備運用及維修計畫的器材管理人員等等，當中還有被稱為總監（Mission Director或Operation Director）的負責人會對有關運航的所有事項做出判斷。聚集了這麼多專家的運航管理部門，可以說是航空公司的營運中樞。

運航管理中心

不同航空公司有不同稱呼，比如Operation Control Center、Operation Management Center等，主要工作就是管理自家班機的航班。在管理中心可以看見排列密集的各種螢幕，顯示航班的動態與氣象資訊等等。大型航空公司的國內線、國際線合在一起每天約有1000架次的航班，而且還有飛往歐洲或美國的長程航班，因此採用24小時365天全年無休的營運方式。

定期清洗以保持機體潔淨

汽車如果開了1年都沒洗車，那應該會附著相當程度的髒汙吧；不過另一方面，應該沒有人在機場看過骯髒的日本客機才是。這是當然的，因為大型航空公司會定期清洗飛機。

雖然清洗流程隨機身狀況或排班而有所不同，但通常來說都是在半夜沒有航班時，由專業的清潔人員施行作業。在日本，羽田及成田機場都設有排水及汙水處理設施完善的洗機專用停機位，會定期用水和專用清潔劑來水洗機體。

雖然主要目的是保持機體美觀，但倘若機體附著太多沙塵、煙霧碎屑又或是昆蟲等動物屍體，那麼可能會發生意想不到的事故。保持機體潔淨本身也便於檢修人員發現刮痕或凹陷並即時進行補救，可以說清洗飛機對航空公司而言是不可或缺的維護方式。

機體水洗

波音777等大型客機會由約15人左右的清潔團隊進行清洗，但即使如此也要耗費3～4小時。由於機身上還裝有感測器或天線等零件，所以不能碰到清潔劑的部位要先遮蓋起來才能清洗，而且使用拖把等用具時也要萬分小心。尾翼等處超過15m高，有時候也要併用高空作業車。

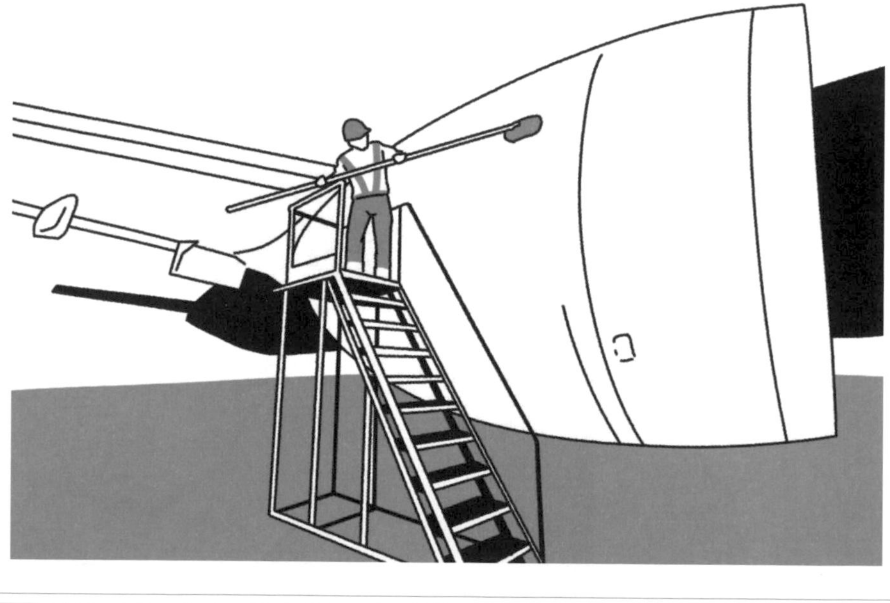

維護日常運航安全的停機線檢修

客機在起飛前會由擁有國家執照的維修工程師進行檢查，這種維護作業稱為「停機線檢修」；即使從抵達到再次出發之間只有非常短的時間，檢修仍必須進行，而且若在過程中發現問題，負責的工程師也會判斷飛機能不能起飛。

在這項檢查中，會針對機體的外部看看外觀上是否有刮痕或凹陷、引擎等處是否漏油、輪胎與煞車是否出現異常等等。除此之外，客艙內的燈光、座椅是否損壞、駕駛艙內的儀器是否故障或顯示錯誤訊息等機體內部，工程師也會鉅細靡遺地檢查。

若在檢查或空服員的報告中發現故障，有時候會當場進行緊急修復；而要是工程師認為飛機已無法繼續工作，也會聯絡運航部門並移動至機庫中繼續完成維修。近年來已經可以直接監控飛行中的機體並取得相關數據，因此在抵達前就能安排維修必要的零件及人員待命，飛機抵達後就能立刻進行維修。

更換輪胎

如果是國內線，1架飛機每天飛3～4個航班也不稀奇，但即使抵達機場後只有1個小時就要再次出發，仍必須完成相關檢查。要是發現輪胎有磨耗或爆胎的情況，那麼會有專用的機輪更換車，在2次航班之間快速更換成新的機輪。另外，飛機若沒有完成停機線檢修並取得工程師許可，也是不能起飛的。

維護作業

雖然對運航不會造成直接的危險，但有時候在維護過程中也需要更換機油或零組件。這類補給或維護作業會在結束飛行的夜晚於維修廠房中進行。

日本的機場故事

日本兩大國門「羽田」和「成田」，當我們回溯其誕生的故事，是否能看到日本機場歷史的縮影？

日本機場的總數竟有97座！

日本的機場根據二〇〇八年（平成20）制定的《空港法》第4條第1項，可以將機場大致分類成據點機場和地方管理機場。

據點機場指的是足以成為國際、國內航空運輸網據點的機場，在《空港法》修訂前屬於舊第1類空港（國際航空路線之必要飛行場）和舊第2類空港（主要國內航空路線之必要飛行場）。此外在二〇一三年的《民活空港運營法》制定後，機場營運可以委託給民間，自此還可以依照營運機構將據點機場細分成企業管理機場、國家管理機場、特定地方管理機場這3種。

企業管理機場為成田國際機場（成田）、中部國際機場（新特麗亞）、關西國際機場（關空）、大阪國際機場（伊丹）4座機場，而國家管理機場則包含有東京國際機場（羽田）、新千歲機場、仙台國際機場、廣島機場、福岡機場（舊板付）、那霸機場等共19座機場。

其他還有國家設置、地方公共團體營運的特定地方管理機場5座、地方公共團體設置並營運的地方管理機場54座、與自衛隊及駐日美軍共用的軍民共用機場8座、其他機場7座，加起來總共97座，可說日本國內各地有非常多的機場。

接下來就從國內主要的「據點機場」中選擇廣為人知的羽田機場和成田機場，讓我們一起回溯機場誕生前的歷史與故事。

日本最初也最大的機場是羽田「東京國際機場」

成為日本首座海關的國際機場是建成於一九三一年（昭和6）的羽田飛行場。在此之前由於民間航空公司借用的是立川陸軍飛行場，限制相當多，而且當時的航空需求也正在逐漸成長，因此決定新建機場。之所以選擇建在羽田，除了離都心很近，另一個理由或許是Column2所介紹的玉井兄弟曾在此創辦日本第一間民間飛行員培育學校「日本飛行學校」。

機場剛啟用時除了鋪設水泥的跑道外，整座機場幾乎都是草地，連應該配有無線電管制設備的塔台都沒有，不過到了隔年一九三二年（昭和7），機場內設立了氣象站「羽田出張所」，再到一九三三年（昭和8）時，立川陸軍飛行場的民間航空部門也轉移至此，使羽田飛行場看起來終於像是個機場。

第二次世界大戰期間，日本的民間航空事業實質上停擺，到了一九五二年（昭和27），原本被盟軍接管的羽田機場才終於歸還日本，將名稱改為「東京國際機場」。

「東京國際機場」歷經多次擴建，最終取得比成田國際機場更大的總面積，擁有4條跑道，國際線與國內線合計總客運量為8567萬9637人次，降落數達到22萬6449架次，是日本規模最大的機場（二〇一七年（平成29）國土交通省航空局數據）

持續50年以上至今的「三里塚鬥爭」

在述說日本客運量排名第2的「成田國際機場」過去歷史時，必須談到當年建設預定地的居民與新左翼運動家所發起的反抗運動，也就是「三里塚鬥爭」。一九六〇年代，隨著高度經濟成長期的到來與航空需求的急遽擴大，在首都圈建設大型機場的「新東京國際機場」計畫開始有了展望。雖然木更津沿海、霞浦周邊等地都一度成為候補，但由於成田市三里塚町地區擁有宮內廳下總御料牧場的國有地（約232ha，22%）以及縣有地（104ha，10%）可供轉用，佔建設預定地30%以上，因而雀屏中選。

一九六五年（昭和40）十一月十八日，政府宣布「選定富里地區為新機場」；自成為候補地區的一九六三年（昭和38）起，在革新政黨的指導下由當地居民所成立的「富里、八街機場反對同盟」對此突然的公告感到憤怒。由於一開始手段不當導致意見分歧，再加上「70年安保」前後盛行學生運動的時代背景，一九六六年（昭和41）成立了「三里塚機場反對同盟」，這場運動也在後來更進一步激化。

過了50幾年的現在，機場隨著民營化改名為「成田國際機場」，反抗運動也看似逐漸平息。但當年計劃建設B跑道的東峰地區農民和一坪地主等數名土地所有者依然不同意土地徵收，可說至今為止仍未真正地解決這個問題。

因為這場反抗運動使當初計畫未能完全實現，加上從都心到機場的交通不便，導致成田機場的國際地位始終無法超出預期。

1 禮文
2 利尻
3 稚內
4 紋別
5 女滿別
6 中標津
7 釧路
8 帶廣
9 旭川
10 千歲
11 札幌
12 新千歲
13 函館
14 奧尻
15 青森
16 三澤
17 大館能代
18 秋田
19 花卷
20 庄內
21 山形
22 仙台
23 佐渡
24 新潟
25 福島
26 百里
27 成田國際
28 調布飛行場
29 東京國際
30 新島
31 大島
32 神津島
33 三宅島
34 八丈島
38 松本
78 種子島
79 屋久島
80 喜界
81 奄美
82 德之島
83 沖永良部
84 與論
85 伊江島
86 那霸
87 粟國
88 久米島
89 慶良間
90 北大東
91 南大東
92 下地島
93 宮古
94 多良間
95 新石垣
96 波照間
97 與那國

日本的全國機場MAP

日本所有機場與飛行場總共有97座（直昇機機場除外）。
一起來看看全國有哪些機場吧。

圖例

企業管理機場（企業設置、管理）：■
國家管理機場（國家設置、管理）：●
特定地方管理機場（國家設置、地方公共團體管理）：○
地方管理機場（地方公共團體設置、管理）：▲
其他機場（除了據點機場、地方管理機場、公共直昇機機場之外）：★
軍民共用機場（自衛隊等設置、管理的飛行場）：☆

＼連接國內與海外的天空／

日本最具代表性的機場

機場是連接日本與海外的空中窗口。這裡以近年的乘客數量為基礎，介紹全國各地最活躍的一部分機場。

2大機場

成田國際機場

為迎接1970（昭和45）年的大阪萬博，政府意圖設立和羽田機場同等級的國際機場，於是在1966（昭和41）年由成田機場建設會議決定建造，但此舉引起建設預定地居民的大規模反抗運動，使成田機場有著跌宕起伏的複雜歷史。比起羽田機場，成田機場有更多廉航公司使用，擁有搭乘廉航相當方便的優勢。2015（平成27）年啟用新的航廈，不斷進步成為旅客能夠更有效搭機的機場。

DATA

所在地：**千葉縣成田市**
啟用：**1978年5月**
ICAO・IATA：**RJAA・NRT**
面積：**1090ha**
海拔高度：**41m**
位置：**北緯35度45分55秒**
東經140度23分08秒
跑道：**4000m×60m、2500m×60m**
營運時間：**6：00～24：00**
航空公司：**ANA、達美航空等**

羽田機場（東京國際）

2010（平成22）年，第2航廈本館南側擴建部分、第4條跑道的D跑道、新塔台、新國際線航廈接連開始啟用。客運量及起降數都是日本國內最多，是名符其實的日本最大機場。距離都心約15㎞的便利交通，日本首座24小時營運的機場，這些優勢都讓羽田機場成為促進日本與世界交流的推手。機場內有氣氛如同江戶街道的購物設施，也是很棒的觀光景點。

DATA

所在地：**東京都大田區**
啟用：**1931年8月**
ICAO・IATA：**RJTT・HND**
面積：**1522ha**
海拔高度：**6.4m**
位置：**北緯35度33分12秒**
東經139度46分52秒
跑道：**3000m×60m、2500m×60m等共4條**
營運時間：**24小時**
航空公司：**ANA、大韓航空等**

福岡機場

1944（昭和19）年舊陸軍著手建設成席田飛行場，1945（昭和20）年完成跑道。之後經過美軍接管，在1972（昭和47）年啟用。距離福岡市區僅約7km，交通往來相當便利。單一跑道的起降次數為日本之最，也是九州地區客運量最大的機場。

DATA

所在地：**福岡縣福岡市**
啟用：**1945年9月**
ICAO、IATA：**RJFF、FUK**
面積：**353ha**
海拔高度：**9.1m**
位置：**北緯33度35分04秒 東經130度27分06秒**
跑道：**2800m×60m**
營運時間：**24小時**
航空公司：**ANA、JAL等**

關西國際機場

1987年（昭和62）著手興建，並於1994年（平成6）完工啟用，為世界第一座完全以填海造陸建成的機場。坐落於大阪灣東南部的和泉近海離岸5公里的人工島上。其為京阪神都會區與關西地方主要的聯外國際機場，甚至與神戶機場、大阪國際機場並列為關西三大機場。

DATA

所在地：**大阪府泉佐野市**
啟用：**1994年9月**
ICAO、IATA：**RJBB、KIX**
面積：**1055ha**
海拔高度：**5.3m**
位置：**北緯34度26分03秒 東經135度13分58秒**
跑道：**3500m×60m、4000m×60m**
營運時間：**24小時**
航空公司：**ANA、JAL等**

那霸機場

1972（昭和47）年隨著沖繩回歸，也將機場設施歸還日本並啟用。機場位於那霸市西南西方向約6㎞的海岸，有韓國、中國、香港及台灣等地的國際航線在此。沖繩的南島風情深受歡迎，而作為門關的那霸機場在夏天的人潮尤其絡繹不絕。

DATA

所在地：**沖繩縣那霸市**
啟用：**1972年5月**
ICAO、IATA：**ROAH、OKA**
面積：**490ha**
海拔高度：**3.3m**
位置：**北緯26度11分36秒 東經127度38分23秒**
跑道：**3000m×45m、2800m×60m**
營運時間：**24小時**
航空公司：**ANA、JAL等**

新千歲機場

1988（昭和63）年鋪設1條跑道並啟用，1994（平成6）年成為日本首座24小時營運的機場。1996（平成8）年增設1條新的跑道。作為北海道的天空玄關，不只是日本國內，韓國、中國、泰國等處的國際線也將此當作航點，支撐著北海道在國外的人氣。

DATA

所在地：**北海道千歲市、苫小牧市**
啟用：**1988年7月**
ICAO、IATA：**RJCC、CTS**
面積：**719ha**
海拔高度：**213m**
位置：**北緯42度46分31秒 東經141度41分32秒**
跑道：**3000m×60m×2條**
營運時間：**24小時**
航空公司：**ANA、大韓航空等**

新特麗亞機場（中部國際）

為了應付中部地區日漸擴大的航空需求，並配合愛知萬博的開幕，在2005（平成17）年正式啟用。機場坐落於常滑市外海伊勢灣內的人工島，設有3500m的跑道跟70個停機位。透過清晰明確的設施配置，旅客在此轉機也非常順暢。

DATA

所在地：**愛知縣常滑市**
啟用：**2005年2月**
ICAO、IATA：**RJGG、NGO**
面積：**470ha**
海拔高度：**3.8m**
位置：**北緯34度51分30秒 東經136度48分19秒**
跑道：**3500m×60m**
營運時間：**24小時**
航空公司：**ANA、國泰航空等**

伊丹機場（大阪國際）

橫跨豐中市、池田市、兵庫縣伊丹市的機場。客運量為1500萬人次，是大阪商務人士的重要交通據點。與關西國際機場、神戶機場並列為關西3大機場。自1994（平成6）年關西國際機場啟用以來，伊丹機場便成為國內線專用機場飛往26個城市。

DATA

所在地：**大阪府豐中市**
啟用：**1959年7月**
ICAO、IATA：**RJOO、ITM**
面積：**311ha**
海拔高度：**12.0m**
位置：**北緯34度47分04秒 東經135度26分21秒**
跑道：**1828m×45m、3000m×60m**
營運時間：**7：00～21：00**
航空公司：**ANA、JAL等**

全世界
機場客運量排名

國際機場協會（ACI）每年都會發表全世界的機場客運量排名。
下面以2019（令和元）年的數據介紹前20大機場。

第1名 哈茨菲爾德・傑克遜・亞特蘭大國際機場
（美國）

客運量：1億1053萬1300人
地區：北美
城市：亞特蘭大
3字母代碼：ATL
4字母代碼：KATL

連續22年都榮登最大客運量的寶座。在亞特蘭大機場轉機，還能前往美國各個主要城市及中南美城市。

第2名 北京首都國際機場
（中國）

客運量：1億1萬1438人次
地區：亞洲
城市：北京
3字母代碼：PEK
4字母代碼：ZBAA

亞洲最大、世界前3的超大型機場。從日本到北京可搭乘中國國際航空、ANA、JAL等公司的直飛航班。

第3名 洛杉磯國際機場
（美國）

客運量：8806萬8013人次
地區：北美
城市：洛杉磯
3字母代碼：LAX
4字母代碼：KLAX

美國西岸的玄關。附近有好萊塢、比佛利山等人氣區域，客運量也始終名列前茅。

第4名 杜拜國際機場
（阿拉伯聯合大公國）

客運量：8639萬6757人次
地區：中東
城市：杜拜
3字母代碼：DXB
4字母代碼：OMDB

是世界級的樞紐機場，與超過100座城市相連。24小時不間斷地湧入來自世界各地的觀光客，有多樣的商店及餐廳。

第5名 東京國際機場／羽田機場
（日本）

客運量：8550萬5054人次
地區：亞洲
城市：東京
3字母代碼：HND
4字母代碼：RJTT

日本最大的機場。1931（昭和6）年啟用成為日本最早的國營機場，現在與成田並稱前往海外的「空中國門」。

第6名 芝加哥・歐海爾國際機場
（美國）

客運量：8464萬9115人次
地區：北美
城市：芝加哥
3字母代碼：ORD
4字母代碼：KORD

位於芝加哥中心西北方27㎞的位置，有7條跑道，是世界數一數二的樞紐機場。建造於1942（昭和17）年的第二次世界大戰期間。

第7名 倫敦・希斯洛機場
（英國）

客運量：8088萬8305人次
地區：歐洲
城市：倫敦
3字母代碼：LHR
4字母代碼：EGLL

位於首都倫敦的英國最大機場。廣受世界盛讚，被選為「最適合購物的機場」，來自日本的旅客也非常多。

第8名 上海浦東國際機場
（中國）

客運量：7615萬3455人次
地區：亞洲
城市：上海，浦東
3字母代碼：PVG
4字母代碼：ZSPD

1999（平成11）年啟用，是中國三大國際機場之一，有中國國際航空和中國東方航空等公司進駐。

第9名 巴黎夏爾・戴高樂機場
（法國）

客運量：7615萬0009人次
地區：歐洲
城市：巴黎
3字母代碼：CDG
4字母代碼：LFPG

以前總統夏爾・戴高樂的名字來命名，是法國最大機場。客運量排歐洲第2。

第10名 達拉斯・沃斯堡國際機場
（美國）

客運量：7506萬6956人次
地區：北美
城市：達拉斯，沃斯堡
3字母代碼：DFW
4字母代碼：KDFW

機場位於德克薩斯州達拉斯和沃斯堡中間。起降飛機的7成都是美國航空的班機。

第12名 阿姆斯特丹・史基浦機場
（荷蘭）

客運量：7170萬6999人次
地區：歐洲
城市：阿姆斯特丹
3字母代碼：AMS
4字母代碼：EHAM

坐落於阿姆斯特丹西南方向10 km的位置，是荷蘭最大機場，同時也是前往歐洲各地區最常用的中繼點。

第11名 廣州白雲國際機場
（中國）

客運量：7338萬6153人次
地區：亞洲
城市：廣州
3字母代碼：CAN
4字母代碼：ZGGG

位於廣州的城市中心以北30 km，擁有中國最大航廈，也是中國三大國際機場之一。

第14名 仁川國際機場
（大韓民國）

客運量：7120萬4153人次
地區：亞洲
城市：韓國
3字母代碼：ICN
4字母代碼：RKSI

2001（平成13）年啟用，位於首爾特別市以西48 km。對於時常前往韓國旅遊的日本人來說是相當熟悉的機場。

第13名 香港國際機場
（香港）

客運量：7141萬5245人次
地區：亞洲
城市：香港
3字母代碼：HKG
4字母代碼：VHHH

1998（平成10）年啟用，其頗富機能性的設計成為旅客最便於利用的機場，也是亞洲數一數二的樞紐機場。

第16名 丹佛國際機場
（美國）

客運量：6901萬5703人次
地區：北美
城市：丹佛
3字母代碼：DEN
4字母代碼：KDEN

機場位於美國科羅拉多州丹佛市。美國總占地面積最大且為全世界第三大機場。

第15名 法蘭克福機場
（德國）

客運量：7055萬6072人次
地區：歐洲
城市：法蘭克福
3字母代碼：FRA
4字母代碼：EDDF

位在法蘭克福郊外的德國最大機場。日本有直飛航班，作為前往歐洲的中繼點也相當方便。

第18名 新加坡・樟宜國際機場

（新加坡）

客運量：6828萬3000人次
地區：東南亞
城市：新加坡
3字母代碼：SIN
4字母代碼：WSSS

全球各地航空公司都設為航點的世界級樞紐機場。豐富多樣的設施受到高度評價，並曾獲得各式各樣的獎項。

第17名 英迪拉・甘地國際機場

（印度）

客運量：6849萬0731人次
地區：南亞
城市：德里
3字母代碼：DEL
4字母代碼：VIDP

位於德里市中心西南約19 km。名稱來自印度前總理英迪拉・甘地。

第19名 蘇凡納布機場

（泰國）

客運量：6542萬1844人次
地區：東南亞
城市：曼谷
3字母代碼：BKK
4字母代碼：VTBS

坐落於曼谷以東約30 km的位置。蘇凡納布在梵語中意為「黃金大地」。

第20名 約翰・F・甘迺迪國際機場

（美國）

客運量：6255萬1072人次
地區：北美
城市：紐約
3字母代碼：JFK
4字母代碼：KJFK

位在曼哈頓中心的東南方向約24 km的地方。機場內有80間以上的航空公司進駐，是美國客運量最大的機場之一。

完整解說專業術語！

機場、航空用語辭典

【Aisle Seat】

靠走道那一側的座位。走道的英語是「Aisle」。

【Alliance】

航空公司之間的聯合組織。彼此分享飛行常客獎勵計畫等服務可以提高旅客的便利性。全球性的航空聯盟有「Star Alliance星空聯盟」、「SkyTeam天合聯盟」、「Oneworld寰宇一家」等等。

【Apron】

飛機停駐的場地，可以讓乘客及貨物上下機或是補給燃料。也稱為Ramp。

【Arrival Lounge】

設置於入境大廳的貴賓室。每座機場和航空公司的貴賓室使用條件、規模、設備都不盡相同。

【Bird Strike】

也就是所謂的鳥擊，指的是飛機在飛行中與鳥類相撞的事故。即使是小型鳥，但只要被吸進噴射引擎的進氣口就有可能使引擎運作出現問題，最終造成重大航空事故。

【Cabin】

指的是飛機上的客艙。艙等的英語有時也稱作「Cabin Class」。

【Carry-on Baggage】

指搭乘飛機時隨身帶進客艙內的行李。

【Charter】

包下整架飛機的意思。跟定期航班不同，屬於航空公司為滿足顧客需求所營運的臨時航班。有時候也會因為乘客是政府要人等考慮而採用包機。

【Configuration】

座艙配置圖，用來表示機上客艙的規格和各個艙等的座位配置。

【Dangerous Goods】

指的是爆炸物品、氣體、易燃液體、放射性物質等分為九大類的危險貨品。為了安全的空運，不論包裝、容量、保存方式都有嚴格的規定。

【Divert】

意思是轉降，指的是抵達當初目的地以外的機場。在天氣惡劣、遭遇事故、儀器故障等無法安全飛行的情況下，就會進行緊急降落而轉降到其他機場。

【Entry Door】

指的是搭乘飛機時的出入口。客機許多時候會將左側艙門當成乘客的出入口，因此稱為「Passenger Entry Door」；而右側艙門則用來搬入餐點與商品，所以稱為「Service Door」。

【Flight Plan】

飛行計畫是一種描述從起飛到降落會如何飛行的計畫書。由簽派員製作，然後交給機長檢視並取得同意。

【Galley】

為乘客準備餐點時能在機上做一定程度烹調的廚房。有限的空間裡配有各種設備，而且還可以收納餐點。

【Go-Around】

意思是重飛，指的是飛機降落準備進場時，因高度不對或天氣惡劣，在塔台指示下判斷無法安全著陸後，再重新起飛的動作。

【Hangar】

意思是機庫，是供飛機躲避沙塵、風雨等天氣的大型棚庫。機庫也是為飛機維修、檢查、補給、清洗並令其待機的設施。

【Inbound】

意思是入境。二〇一九年（令和元）的訪日外國人旅客數約為3188萬人，是有史以來最高紀錄，但跟出境相同受到新冠疫情影響。

【Infant】

意思是2歲以下的嬰兒。訂票時由於不需要與成人一樣佔用座位，所以適用於嬰兒票價。

【Line Haul】

連接機場或主要車站之間的幹線運輸。透過鐵路或公車等交通運輸工具移動的方式稱為接駁運輸；而如果是以飛機移動到他地，那麼從機場飛到機場、尚未搭上各種交通工具前的這段過程便稱為幹線運輸。

【Main Deck】

主艙指的是客機1樓部分的座位。通常空橋是與主艙連接供乘客上下飛機。2樓的座位稱為Upper Deck。

【Marshalling】

引導飛機的工作，負責這個職位的人被稱為飛機引導員（Marshaller）。飛機引導員在飛機降落，準備從跑道進入停機位時，會用指揮棒或發光棒對駕駛艙做出指示，安全、正確地將飛機引導至停機位。

【Mileage】

意思是哩程，為航空公司提供給乘客的累點服務。為了吸引乘客，航空公司會發行會員卡，並依照乘客搭乘的總距離提供附加服務，比如累計到一定哩程後就可以用來兌換免費機票，或是享受艙等升級等優惠。

【National Carrier】

代表其國家經營國際線的航空公司，也稱為Flag Carrier或National Flag Carrier。發生災害或武裝衝突時，有時會接受國家與政府要求建立臨時航班或貨機航班。

【Normal Ticket】

沒有折扣的正常價格機票，購買後1年內還可以更改時間、路線或航空公司。因為沒有折扣，所以跟優惠票或適用折扣的機票比起來貴了不少。

【NOTAM】

Notice To Airmen的縮寫，是由航空相關機構為了飛航安全所發出的航空資訊。在出發前確認飛行計畫和緊急應變措施的簡報會議中，機組人員也會檢視

NOTAM來把握飛行環境。

【One Way】

英語的One Way可縮寫成「OW」，意思是單程機票。由於乘客若在目的地遭到拒絕入境，航空公司有責任將乘客載回出發地，因此有些時候單程機票的價格會比促銷的來回機票還要貴。

【Open Spot】

距離航廈較遠的開放式停機位。在此區域上飛機不使用登機橋。

【Outbound】

意思是出境，也就是從自己國家前往外國旅行。雖然在日本一般都稱為海外旅行，但是在國境有接壤的陸地國家可能會稱作國際旅行、國外旅行。二〇一九年（令和元）的日本人出境人數超過2008萬人次，可是二〇二〇年（令和2）受到新冠疫情影響，出境人數大幅減少。

【Runway】

也就是供飛機起降的直線道路，稱為跑道。Runway有時會縮寫成RWY。由於風向或風力變化等因素而改變起降時使用的跑道，這個程序稱為跑道變更（Runway Change）。

【Seat Pitch】

意思是座椅之間的間隔距離。國際線經濟艙多為31～34英吋（79～87㎝）。椅距太窄會給人壓迫感，因此椅距的寬度和能夠躺平的角度就成為座椅舒適度的比較標準。

【Spot】

意思是停機位，機場內供飛機停駐的位置。分成用空橋連接的固定Spot，還有不與空橋連接，而是透過登機梯讓乘客上下機的Open Spot。

【Surcharge】

意思是附加費，指的是載運旅客及貨物時，除了原本票價外再向乘客、發貨人多收的各類費用，最常見的是燃油附加費。當初引進的理由是若原油價格上漲，那麼航空及物流公司也會拉高平時的運費，向使用者多收燃料上漲的費用來迴避經營危機。

【Taxiing】

意思是滑行，指的是飛機以自己的動力透過滑行道前往跑道，在地面上移動的方式。

【Towing】

英語裡是「拖、拉」的意思。機場裡用來拉動貨物的行李拖車，或是牽引飛機移動的飛機拖車都會用到這個字。

【Transit】

意思是轉機。飛機為了加油等因素，可能會暫時停靠並非最終目的地的地方。雖然乘客無法離開機場，但若要在機場外面住宿，可以取得暫時性的過境簽證。

【Trap】

飛機為了上下機而臨時搭建的移動式結構，有階梯、爬梯、斜坡等等形式。又稱為Passenger Step或舷梯。語源來自荷蘭語的「trap」＝樓梯。

【ULD】

Unit Load Device的縮寫，是一種用來裝入貨物、行李和郵件以方便飛機裝卸的貨運用盤櫃，還可以細分成幾種不同規格的貨櫃及貨盤。

【Wing Watch】

「翼尖監視」指的是一種飛機移動時為了避免機身撞到障礙物或建築物，或防止其他飛機誤入所進行的管制工作。

【出入境稅】

指的是出入某國時所徵收的稅金。通常加在機票和機場使用費上，而這幾年在購票時則都直接將費用全包進去。菲律賓和柬埔寨等國在機場櫃台報到時需要用當地貨幣支付。

【延遠權】

從本國經由對象國家，再繼續前往第三個國家的權利。

【航空自由化】

航空公司可自由選擇起降機場、國際線航線和航班數量的政策。也稱為「Open Sky開放天空」。

【航空燈光】

為了使飛機能夠安全起降所設置的燈具設備。隨著目的而有不同亮度及配置方式，並使用航空紅、航空可變白、航空黃、航空藍、航空綠等燈光顏色。

【航路】

適合飛機航行的空中道路。原則上寬度為18 km或14 km，並藉由地面上的航空保安無線電設施串聯全國各地。

【側滑】

飛機前進方向與機身軸不一致的現象。機身軸與飛行方向之間的夾角稱為側滑角。當有側風時，機師可以刻意使飛機側滑來調整飛行方向。

【跑道編號】

跑道上標記的2位數編號，具有向飛機表示跑道方向的功能。如果將全方位360度的正北方當作起點，那麼順時針每10度當成一個刻度來表示方位，例如北方為36（00）、東方為09、南方為18、西方為27。

【亂流】

亂流指大氣中的空氣流動產生混亂而變得不穩定的氣流，可能會對飛行中的飛機安全造成負面影響。亂流有多種成因，比如高樓建築與地形、空氣對流、或是風的劇烈變化等等。

【禁限建範圍】

機場周圍空間中，限制不能有建築物或樹木等障礙的面積。根據《航空法》，在這個範圍之上禁止設置建築物或植栽。

【壅塞機場】

航空公司必須事前向國土交通省取得就航許可的機場。壅塞機場由《航空法》指定，目前有成田、羽田、關西、伊丹、福岡5座機場。

●主要参考文献
『基礎からわかるエアライン大百科』イカロス出版
『基礎からわかる旅客機大百科』イカロス出版
『月刊エアライン』イカロス出版
『空港をゆく』『空港をゆく２』イカロス出版
『旅客機・エアライン検定公式テキスト』徳間書店
『航空路・空港の不思議と謎』実業之日本社
『世界映画名作全史・現代編』社会思想社
『円谷英二の映像世界』実業之日本社
『ヒコーキ野郎たち』河出書房新社

●主要参考網站
IATA（国際航空輸送協会）
ICAO（国際民間航空機関）
国土交通省統計データ

機場解體新書—圖解機場相關大小事

出　　版／楓樹林出版事業有限公司
地　　址／新北市板橋區信義路163巷3號10樓
郵政劃撥／19907596　楓書坊文化出版社
網　　址／www.maplebook.com.tw
電　　話／02-2957-6096
傳　　真／02-2957-6435
編　　著／IKAROS出版社
翻　　譯／林農凱
責任編輯／吳婕妤
內文排版／謝政龍
港澳經銷／泛華發行代理有限公司
定　　價／360元
初版日期／2024年６月

國家圖書館出版品預行編目資料

機場解體新書：圖解機場相關大小事 / IKAROS出版社編著；林農凱譯. -- 初版. -- 新北市：楓樹林出版事業有限公司, 2024.06 面； 公分

ISBN 978-626-7394-80-9（平裝）

1. 機場

557.95　　113005918